中国全図

乌鲁木齐
Wūlǔmùqí
新疆维吾尔自治区
Xīnjiāng Wéiwú'ěr Zìzhìqū
甘肃省
Gānsū Shěng
宁夏回族自治区
Níngxià Huízú Zìzhìq
银川
Yínchuān
青海省
Qīnghǎi Shěng
西宁
Xīníng
兰州
Lánzhōu
西藏自治区
Xīzàng Zìzhìqū
四川省
Sìchuān Shěng
拉萨
Lāsà
成都
Chéngdū
贵州省
Guìzhōu Shěn
贵阳
Guìyán
云南省
Yúnnán Shěng
昆明
Kūnmíng

黑龙江省
Hēilóngjiāng Shěng
哈尔滨
Hā'ěrbīn
长春
Chángchūn
吉林省
Jílín Shěng
内蒙古自治区
Nèi-Měnggǔ Zìzhìqū
沈阳
Shěnyáng
辽宁省
Liáoníng Shěng
呼和浩特
Hūhéhàotè
北京市
Běijīng Shì
河北省
Héběi Shěng
天津市
Tiānjīn Shì
太原
Tàiyuán
石家庄
Shíjiāzhuāng
济南
Jǐnán
山西省
Shānxī Shěng
山东省
Shāndōng Shěng
西安
Xī'ān
郑州
Zhèngzhōu
江苏省
Jiāngsū Shěng
西省
hǎnxī Shěng
河南省
Hénán Shěng
安徽省
Ānhuī Shěng
南京
Nánjīng
上海市
Shànghǎi Shì
合肥
Héféi
湖北省
Húběi Shěng
武汉
Wǔhàn
杭州
Hángzhōu
庆市
hóngqìng Shì
长沙
Chángshā
浙江省
Zhèjiāng Shěng
南昌
Nánchāng
福建省
Fújiàn Shěng
湖南省
Húnán Shěng
江西省
Jiāngxī Shěng
台北
Táiběi
福州
Fúzhōu
广西壮族自治区
Guǎngxī Zhuàngzú Zìzhìqū
台湾
Táiwān
广东省
Guǎngdōng Shěng
南宁
Nánníng
广州
Guǎngzhōu
香港
Xiānggǎng
澳门
Àomén
海口
Hǎikǒu
海南省
Hǎinán Shěng

北京地図

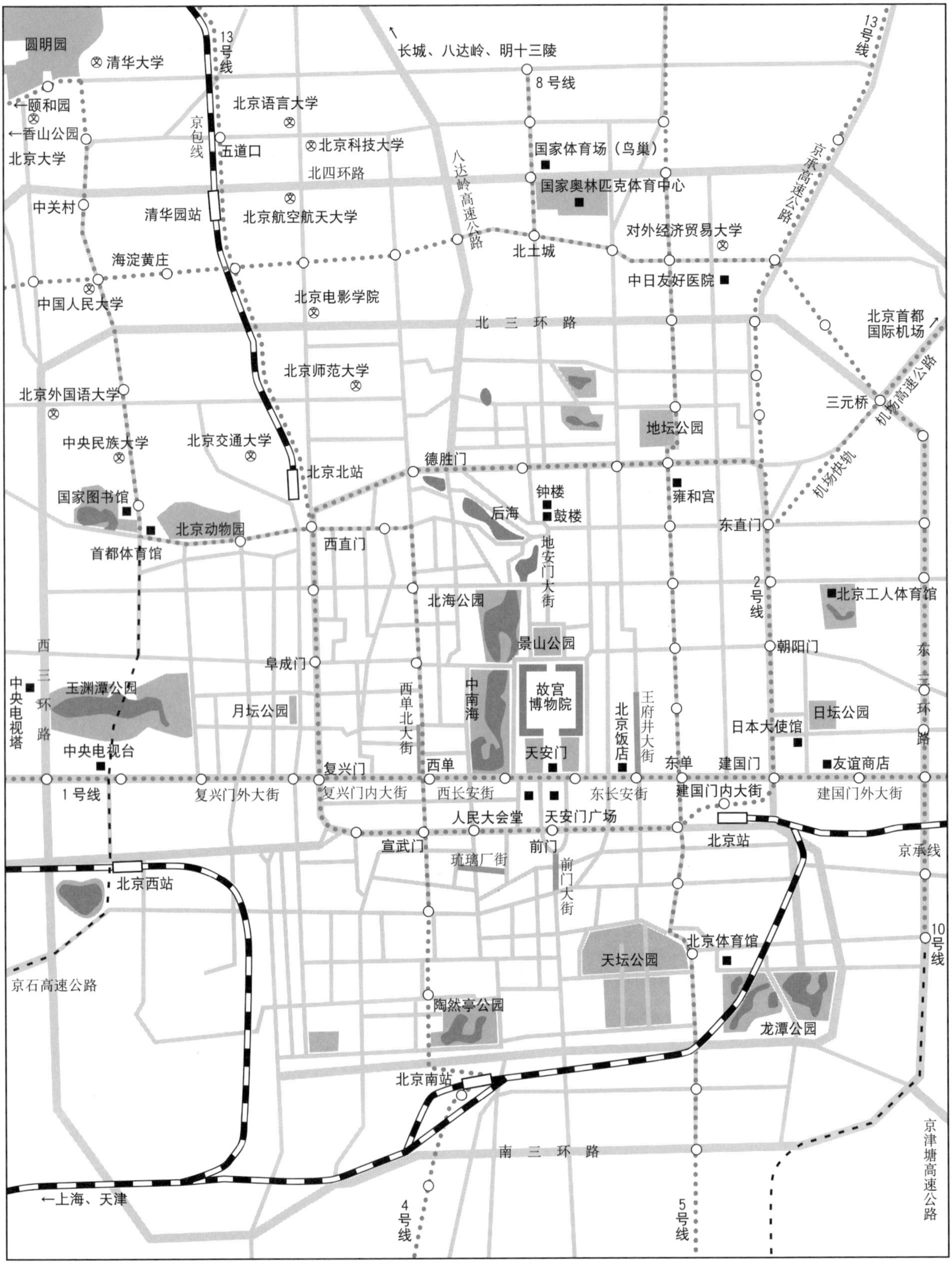
圆明园
清华大学
13号线
长城、八达岭、明十三陵
8号线
13号线
←颐和园
←香山公园
北京大学
北京语言大学
京包线
五道口
北京科技大学
国家体育场（鸟巢）
八达岭高速公路
北四环路
国家奥林匹克体育中心
京承高速公路
中关村
清华园站
北京航空航天大学
对外经济贸易大学
北土城
海淀黄庄
中日友好医院
中国人民大学
北京电影学院
北京首都国际机场
北三环路
北京师范大学
机场高速公路
三元桥
北京外国语大学
地坛公园
中央民族大学
北京交通大学
机场快轨
德胜门
北京北站
钟楼
雍和宫
国家图书馆
后海
鼓楼
北京动物园
东直门
西直门
地安门大街
首都体育馆
2号线
北海公园
北京工人体育馆
景山公园
朝阳门
西三环路
阜成门
东三环路
中央电视塔
玉渊潭公园
中南海
故宫博物院
西单北大街
王府井大街
月坛公园
北京饭店
日坛公园
日本大使馆
中央电视台
天安门
复兴门
西单
东单
建国门
友谊商店
1号线
复兴门外大街
复兴门内大街
西长安街
东长安街
建国门内大街
建国门外大街
人民大会堂
天安门广场
宣武门
前门
北京站
京承线
琉璃厂街
前门大街
北京西站
10号线
北京体育馆
天坛公园
京石高速公路
陶然亭公园
龙潭公园
北京南站
南三环路
京津塘高速公路
←上海、天津
4号线
5号线

遊学

中級中国語

靳衛衛
陳軍
相原里美
著

白帝社

本テキストの音声について

本テキストの音声は、白帝社ホームページ内の本テキストのページから、ダウンロードしたり、ストリーミングで聞くことができます。

吹込み：凌慶成、楊晶、容文育

http://www.hakuteisha.co.jp/news/n45571.html

※各機器と再生ソフトに関する技術的なご質問は、各メーカーにお願いいたします。

はじめに

このテキストは、中国語の基礎学習を終えた学習者を対象とした、中級者向けの会話を主としたテキストです。

北京の大学を舞台に、主人公の日本人留学生と中国人学生の日常的な交流を通して、現代中国のさまざまな側面を紹介しています。「新しい時代に沿った内容を盛り込むこと」、「現地ですぐに使える自然な中国語」に留意して作成しました。

本テキストは全12課で、各課は、「本文」、「新出語句」、「文法ポイント」、「ドリル」、「ミニコラム」の5項目の構成となっています。

「本文」は会話形式で、日常でよく見られる実用的な場面を設定しました。学習者がリアルな状況を想像しやすいため、楽しく学ぶことができ、実生活ですぐに活用できるようにしています。

「新出語句」は会話本文に出てくる順に掲載されており、学習者が見つけやすく、学びやすいようになっています。また、辞書を引く習慣をつけていただきたいため、あえて新出語句の意味を掲載していません。しっかり予習してから授業に臨みましょう。

「文法ポイント」は、《国际中文教育中文水平等级标准》を基軸に選出しました。説明はシンプルかつ明確にし、よくある間違いや混乱を招く事項については詳しい解説を載せました。例文には、最も実用的・典型的なものを揃えて、学習者が日常生活で使いこなせるよう設計しました。

「ドリル」には、「穴埋め」、「並び替え」、「指定された語句を使って作文」という3つの演習に加えて、学習者がまとまりのある文章で表現する力をつけるために、「会話文を文章にまとめる」演習を用意しています。

「ミニコラム」には、各課のトピックに関連した現代のホットな話題や一般的な文化知識を掲載しました。学習者は楽しみながら知識や語彙を増やし、学習への興味を高めることができるでしょう。補助教材として、教室内で気軽に楽しんでいただければ幸いです。

なお、このテキストを作成するにあたり、白帝社の編集者である杉野美和さんには、貴重なご意見と多大なご協力をいただきました。心より感謝申し上げます。

2022年4月1日

著者

目　次

品詞略号一覧

[名] 名詞	[固名] 固有名詞	[代] 代詞	[動] 動詞
[助動] 助動詞	[形] 形容詞	[量] 量詞	[副] 副詞
[介] 介詞	[接] 接続詞	[助] 助詞	[感] 感嘆詞

登場人物

日本人留学生
清水美優

中国人学生
张莉

中国人学生
赵刚

第 1 课　认识你很高兴

（大学正門に設置された新入生受付で、清水美優さんは張莉さんに声をかけられます。）

A02 ゆっくり
A03 ナチュラル

张 莉　：你 好，你 是 新 同学 吧。
Zhāng Lì ：Nǐ hǎo, nǐ shì xīn tóngxué ba.

美优　：是 的，我 是 从 日本 来 的，到 这儿 短期 留学。
Měiyōu ：Shì de, wǒ shì cóng Rìběn lái de, dào zhèr duǎnqī liúxué.

张 莉　：欢迎 欢迎，先 把 行李 放在 这儿，一会儿 有 人 带 你
Huānyíng huānyíng, xiān bǎ xíngli fàngzài zhèr, yíhuìr yǒu rén dài nǐ

去 办 手续。
qù bàn shǒuxù.

美优　：你们 是——？
Nǐmen shì —— ?

张 莉　：我们 是 学生会 的 志愿者。
Wǒmen shì xuéshēnghuì de zhìyuànzhě.

美优　：太 感谢 了。我 本来 特别 担心，到了 学校 哪儿 都 不
Tài gǎnxiè le. Wǒ běnlái tèbié dānxīn, dàole xuéxiào nǎr dōu bú

认识。
rènshi.

张 莉　：别 担心，你 很 快 就 会 认识 很 多 新 朋友。
Bié dānxīn, nǐ hěn kuài jiù huì rènshi hěn duō xīn péngyou.

美优　：听说 中国 的 大学生 非常 热情，果然 是 这样。我 想
Tīngshuō Zhōngguó de dàxuéshēng fēicháng rèqíng, guǒrán shì zhèyàng. Wǒ xiǎng

快 点儿 认识 中国 朋友，还 想 找 一 个 语伴儿。
kuài diǎnr rènshi Zhōngguó péngyou, hái xiǎng zhǎo yí ge yǔbànr.

张莉：我 做 你 的 语伴儿 怎么样？我 是 日语 系 二 年级 的
Wǒ zuò nǐ de yǔbànr zěnmeyàng? Wǒ shì Rìyǔ xì èr niánjí de

学生。
xuéshēng.

美优：真 的 吗？太 好 了，我 非常 愿意。
Zhēn de ma? Tài hǎo le, wǒ fēicháng yuànyì.

张莉：我 叫 张 莉，弓 长 张，茉莉花 的 莉。认识 你 很
Wǒ jiào Zhāng Lì, gōng cháng zhāng, mòlìhuā de lì. Rènshi nǐ hěn

高兴。
gāoxìng.

美优：我 知道 一 首 中国 歌《茉莉花》，可 好听 了！我 叫
Wǒ zhīdào yì shǒu Zhōngguó gē «Mòlìhuā», kě hǎotīng le! Wǒ jiào

清水 美优，认识 你 我 也 很 高兴。以后 请 多多 关照。
Qīngshuǐ Měiyōu, rènshi nǐ wǒ yě hěn gāoxìng. Yǐhòu qǐng duōduō guānzhào.

张 莉　：我们 互相 学习。来，加 个 微信 吧。
Wǒmen hùxiāng xuéxí. Lái, jiā ge wēixìn ba.

美优　：好 啊。
Hǎo a.

（その時、電動カートがやって来て、趙剛さんが下りてきました。）

张 莉　：我 来 介绍 一下，这 是 我 的 同学 赵 刚，现在 他 带
Wǒ lái jièshào yíxià, zhè shì wǒ de tóngxué Zhào Gāng, xiànzài tā dài

你们 去 办 手续。
nǐmen qù bàn shǒuxù.

美优　：好 的，谢谢！再见。
Hǎo de, xièxie! Zàijiàn.

新出語句

A04

1）	短期	duǎnqī	形	11）	张莉	Zhāng Lì	固名
2）	办	bàn	動	12）	弓长张	gōng cháng zhāng	
3）	手续	shǒuxù	名	13）	茉莉花	mòlìhuā	名
4）	学生会	xuéshēnghuì	名	14）	好听	hǎotīng	形
5）	志愿者	zhìyuànzhě	名	15）	清水美优	Qīngshuǐ Měiyōu	固名
6）	担心	dānxīn	動	16）	关照	guānzhào	動
7）	热情	rèqíng	形	17）	互相	hùxiāng	副
8）	系	xì	名	18）	加	jiā	動
9）	年级	niánjí	名	19）	微信	wēixìn	名
10）	愿意	yuànyì	助動	20）	赵刚	Zhào Gāng	固名

文法ポイント

1　A 带 B……　A は B を連れて／案内して…する

A05 1）我不知道留学生办公室在哪儿。　Wǒ bù zhīdào liúxuéshēng bàngōngshì zài nǎr.
——走，我带你去。　——Zǒu, wǒ dài nǐ qù.

2）周末，爸爸妈妈带孩子去公园玩儿。　Zhōumò, bàba māma dài háizi qù gōngyuán wánr.

3）昨天朋友带我去吃了四川火锅。　Zuótiān péngyou dài wǒ qù chīle Sìchuān huǒguō.

2　本来　副 もともと　本来

A06 1）她汉语本来不太好，去中国留学以后，汉语水平提高很快。　Tā Hànyǔ běnlái bú tài hǎo, qù Zhōngguó liúxué yǐhòu, Hànyǔ shuǐpíng tígāo hěn kuài.

2）今天我本来休息，可是公司有急事，我只好去上班。　Jīntiān wǒ běnlái xiūxi, kěshì gōngsī yǒu jíshì, wǒ zhǐhǎo qù shàngbān.

3）我本来不喜欢吃辣的，可是你今天做的麻婆豆腐太好吃了。　Wǒ běnlái bù xǐhuan chī là de, kěshì nǐ jīntiān zuò de mápó dòufu tài hǎochī le.

3　哪儿都……　どこも…

疑問代詞“哪儿、什么、谁、怎么”＋副詞“都／也”……

任意の全てについて述べる「どこも／どこにも／どこでも、何も／何にも／何でも、誰も／誰にも／誰でも、どうしても…」。肯定文では“都”を用い、否定文では“都／也”いずれも用いられる。

A07 1）这件事谁都知道。　Zhè jiàn shì shéi dōu zhīdào.

2）那个地方在市中心，怎么去都方便。　Nàge dìfang zài shì zhōngxīn, zěnme qù dōu fāngbiàn.

3）她病了，什么（东西）也不想吃。　Tā bìng le, shénme (dōngxi) yě bù xiǎng chī.

4）来中国三个多月了，他哪儿都没去过。　Lái Zhōngguó sān ge duō yuè le, tā nǎr dōu méi qùguo.

4 果然 ｜ 副 やはり　案の定

事実や話したこと、予想したことと同じであることを表す。

A08
1）天气预报说今天有雨，果然下起来了。　Tiānqì yùbào shuō jīntiān yǒu yǔ, guǒrán xià qǐlai le.

2）你说得对，颐和园果然很漂亮。　Nǐ shuō de duì, Yíhéyuán guǒrán hěn piàoliang.

3）他最近学习非常努力，这次考试果然成绩不错。　Tā zuìjìn xuéxí fēicháng nǔlì, zhè cì kǎoshì guǒrán chéngjì búcuò.

5 可……了！ ｜ たいへん／なんて…だ！

感嘆文。程度が比較的高いことを表す副詞“可”と語気助詞“了”を用いる。

A09
1）他汉语说得可流利了！　Tā Hànyǔ shuō de kě liúlì le!

2）我们学校可漂亮了！　Wǒmen xuéxiào kě piàoliang le!

3）你走了有一年了吧，大家可想你了！　Nǐ zǒule yǒu yì nián le ba, dàjiā kě xiǎng nǐ le!

4）我可喜欢这位歌手了！　Wǒ kě xǐhuan zhè wèi gēshǒu le!

ドリル

1 空欄に合う語句をＡ－Ｆから選んで書きなさい。

A 关照　　B 互相　　C 担心　　D 办　　E 热情　　F 愿意

1）以后大家都是同学了，要________帮助。

2）周末我不________出去玩儿，因为哪儿都是人。

3）这个星期学校开始________留学手续了。

4）儿子第一次离开家，父母还是有点儿________。

5）我是新来的，以后请大家多多________。

6）学生会的志愿者们________地帮助新同学。

2 語句を並び替えて、意味の通る文にしなさい。

1）来　什么时候　可以　学校　明天　你　都

2）去　新同学　办　现在　赵刚　手续　带

3）冷　东京　比　一点儿　北京　果然

4）本来　帮助　学习　买　电脑　是　想　孩子

5）互相　了　已经　加　我们　微信

3 （　）内の語句を使って、文を完成させなさい。

1) A：你去长城了吗？怎么样？

B：昨天一位朋友________________，非常漂亮。（带）

2) A：周末去爬山了吗？

B：________________，没想到下雨了，我们只好去看电影了。（本来）

3) A：明天你想去哪儿玩儿？

B：天气太热了，________________。（哪儿都……）

4) A：昨天你买什么了？

B：钱包忘在家里了，________________。（什么也……）

5) A：你昨天去吃火锅了，怎么样？

B：一直听别人说好吃，昨天第一次吃，________________。（果然）

6) A：我给你介绍的书看了吗？有意思吗？

B：我看了，________________。（果然）

7) A：下个月我们去哈尔滨看冰灯吧。

B：好啊，听说那儿的冰灯________________！（可……了）

8) A：这个菜有点儿辣。你可以吃吗？

B：没问题，我________________！（可……了）

4 語句を全て使って、本文の会話の内容を文章にまとめなさい。

从……来　短期　本来　担心　因为　哪儿都　快点儿　找　语伴儿

学生会　志愿者　热情　日语　日语系　年级　愿意　做

高兴　认识　加　微信　互相

ミニコラム
www.中国

A10

吃了吗？

“吃了吗？”是中国人见面时互相打招呼《dǎ zhāohu》的一种最常用的方式《fāngshì》。随着《suízhe》中国经济、文化的不断发展《búduàn fāzhǎn》，打招呼的方式也变得丰富《fēngfù》和国际化，比如“你好！”、“好久不见。”、“最近怎么样？”、“身体挺好的？”、“家里都好吧？”等等，在问候中体现《tǐxiàn》出中国人的热情和亲切《qīnqiè》。

第2课　手机支付太方便了

（今日、美優さんは張莉さんに、学校近くのスーパーに案内してもらいます。）

A11 美优 ：昨天 办 电话 卡、银行 卡 什么的，太 麻烦 你 了。
A12 Měiyōu ：Zuótiān bàn diànhuà kǎ、yínháng kǎ shénmede, tài máfan nǐ le.

张 莉 ：别 客气，以后 我 去 日本 留学，可能 还 需要 你 的 帮助
Zhāng Lì ：Bié kèqi, yǐhòu wǒ qù Rìběn liúxué, kěnéng hái xūyào nǐ de bāngzhù

呢。
ne.

美优 ：没 问题，包在 我 身上。
Méi wèntí, bāozài wǒ shēnshang.

张 莉 ：到 了，这 是 学校 附近 最 大 的 超市，东西 又 多 又
Dào le, zhè shì xuéxiào fùjìn zuì dà de chāoshì, dōngxi yòu duō yòu

便宜。
piányi.

美优 ：真 不错，离 我们 学校 也 很 近。
Zhēn búcuò, lí wǒmen xuéxiào yě hěn jìn.

张 莉 ：今天 你 主要 想 买 什么？
Jīntiān nǐ zhǔyào xiǎng mǎi shénme?

美优 ：吃 的、用 的 都 要 买。中国 的 水果 比较 便宜，我 得
Chī de、yòng de dōu yào mǎi. Zhōngguó de shuǐguǒ bǐjiào piányi, wǒ děi

多 买 点儿。
duō mǎi diǎnr.

张 莉 ：用 的 东西 要是 不 着急，就 在 网上 买。网上
Yòng de dōngxi yàoshi bù zháojí, jiù zài wǎngshang mǎi. Wǎngshang

常常 打折，东西 比 商店 的 便宜。
chángcháng dǎzhé, dōngxi bǐ shāngdiàn de piányi.

（スーパーで美優さんはいろいろ買いました。）

张莉 ：美优，东西 很 多 了，今天 先 买 这些 吧。
Měiyōu, dōngxi hěn duō le, jīntiān xiān mǎi zhèxiē ba.

美优 ：好，我们 去 结账 吧。
Hǎo, wǒmen qù jiézhàng ba.

张莉 ：你 可以 试试 用 微信 或者 支付宝 支付。
Nǐ kěyǐ shìshi yòng wēixìn huòzhě zhīfùbǎo zhīfù.

（美優さんが支払いを済ませました。）

美优 ：手机 支付 太 方便 了，怪不得 大家 都 喜欢 用 手机
Shǒujī zhīfù tài fāngbiàn le, guàibude dàjiā dōu xǐhuan yòng shǒujī

结账。
jiézhàng.

张莉：我们 现在 很 少 用 现金，不是 用 手机 支付 就是 刷卡。
Wǒmen xiànzài hěn shǎo yòng xiànjīn, búshì yòng shǒujī zhīfù jiùshì shuākǎ.

哎，你 渴 吗？那边 有 卖 奶茶 的，咱们 去 喝 一 杯。
Āi, nǐ kě ma? Nàbian yǒu mài nǎichá de, zánmen qù hē yì bēi.

美优：我 最 喜欢 喝 奶茶 了，我 请 你。
Wǒ zuì xǐhuan hē nǎichá le, wǒ qǐng nǐ.

新出語句

A13

1）支付 zhīfù 動
2）卡 kǎ 名
3）麻烦 máfan 動
4）客气 kèqi 動
5）需要 xūyào 動
6）主要 zhǔyào 形
7）得 děi 助動
8）着急 zháojí 形
9）打折 dǎzhé 動
10）结账 jiézhàng 動
11）试 shì 動
12）支付宝 zhīfùbǎo 名
13）现金 xiànjīn 名
14）刷卡 shuākǎ 動
15）哎 āi 感
16）渴 kě 形
17）卖 mài 動
18）奶茶 nǎichá 名

文法ポイント

1 ……什么的 助 …など …等々

話し言葉で、多くは二つ以上の例を列挙する場合、最後に置く。人名や地名の場合は用いることができない。

A14
1) 我们给她买什么生日礼物？ Wǒmen gěi tā mǎi shénme shēngrì lǐwù?
——衣服、包、化妆品什么的，她应该都喜欢。 ——Yīfu、bāo、huàzhuāngpǐn shénmede, tā yīnggāi dōu xǐhuan.
2) 我爱好运动，喜欢打篮球、踢足球、游泳什么的。 Wǒ àihào yùndòng, xǐhuan dǎ lánqiú、tī zúqiú、yóuyǒng shénmede.
3) 我喜欢吃水果，苹果、香蕉、草莓什么的，我都喜欢。 Wǒ xǐhuan chī shuǐguǒ, píngguǒ、xiāngjiāo、cǎoméi shénmede, wǒ dōu xǐhuan.

2 包在我身上 私に任せて

話し言葉で、行うべき事柄について自信や保証があり、相手を安心させるのに用いる。“包”は「保証する、請け合う」。

A15
1) 我不会用手机支付，你能教我吗？ Wǒ bú huì yòng shǒujī zhīfù, nǐ néng jiāo wǒ ma?
——放心吧，包在我身上。 ——Fàngxīn ba, bāozài wǒ shēnshang.
2) 我没去过那儿，你可以带我去吗？ Wǒ méi qùguo nàr, nǐ kěyǐ dài wǒ qù ma?
——没问题，这件事包在我身上。 ——Méi wèntí, zhè jiàn shì bāozài wǒ shēnshang.
3) 我想在网上买点儿东西，可是我不太会网购。 Wǒ xiǎng zài wǎngshang mǎi diǎnr dōngxi, kěshì wǒ bú tài huì wǎnggòu.
——你找我就对了，包在我身上。 ——Nǐ zhǎo wǒ jiù duì le, bāozài wǒ shēnshang.

3 又……又…… …であり、…でもある

副詞“又”を連用し、いくつかの状態が重なったり、動作や状況が同時に起こったりすることを表す。“既……又……”でもよい。

A16
1) 他长得又高又帅。 Tā zhǎng de yòu gāo yòu shuài.
2) 姐姐又聪明又漂亮。 Jiějie yòu cōngming yòu piàoliang.
3) 大家在一起又说又笑，高兴极了。 Dàjiā zài yìqǐ yòu shuō yòu xiào, gāoxìng jí le.
4) 他既会说英语，又会说汉语。 Tā jì huì shuō Yīngyǔ, yòu huì shuō Hànyǔ.
5) 今天既不是周末，又不是假日，商店里怎么这么多人？ Jīntiān jì bú shì zhōumò, yòu bú shì jiàrì, shāngdiàn li zěnme zhème duō rén?

4 要是……，就……　もし／仮に…なら、…

接続詞“要是”は仮定を表す。前節の末尾に助詞“的话”（…ということなら）をつけることもある。“的话”だけで表すこともある。後節は、副詞“就”で呼応することが多く、結論を示す。

A17

1）要是有机会，我就去中国留学。　Yàoshi yǒu jīhuì, wǒ jiù qù Zhōngguó liúxué.

2）你要是不舒服的话，就早点儿回家。　Nǐ yàoshi bù shūfu dehuà, jiù zǎo diǎnr huí jiā.

3）你要是不累的话，就帮我一起做饭吧。　Nǐ yàoshi bú lèi dehuà, jiù bāng wǒ yìqǐ zuò fàn ba.

5 怪不得　副 道理で　それもそのはず

原因を知り、不思議に感じないことを表す。前または後にある原因示す節に副詞“原来”（なんだ）を用いることが多いが、“怪不得”か“原来”のどちらかだけ用いたり、前節と後節を入れ替えたりしてもよい。

A18

1）今天是中秋节，怪不得商店里人这么多。　Jīntiān shì Zhōngqiūjié, guàibude shāngdiàn li rén zhème duō.

2）怪不得他的汉语那么好，原来他在中国留过学。　Guàibude tā de Hànyǔ nàme hǎo, yuánlái tā zài Zhōngguó liúguo xué.

3）原来下雪了，怪不得天气这么冷。　Yuánlái xià xuě le, guàibude tiānqì zhème lěng.

4）（怪不得）你的发音这么好，原来你有一个中国语伴儿。　(Guàibude) nǐ de fāyīn zhème hǎo, yuánlái nǐ yǒu yí ge Zhōngguó yǔbànr.

6 不是 A 就是 B　A か B かのどちらかである

A か B のいずれかに事実が必ずあることを表す。A、B には同じ品詞の語や同じ構造のフレーズまたは文が入る。

A19

1）晚上他不是做作业就是看书。　Wǎnshang tā búshì zuò zuòyè jiùshì kàn shū.

2）这几天天气不好，不是刮风就是下雨。　Zhè jǐ tiān tiānqì bù hǎo, búshì guā fēng jiùshì xià yǔ.

3）明天不是小王去，就是小李去。　Míngtiān búshì Xiǎo Wáng qù, jiùshì Xiǎo Lǐ qù.

ドリル

1 空欄に合う語句をA－Fから選んで書きなさい。

A 主要　　B 得　　C 卖　　D 麻烦　　E 试　　F 需要

1）小张，__________你帮我开一下门。

2）要是__________帮助的话，请一定告诉我。

3）这件衣服我可以__________一下吗？

4）这次去上海，我__________是想去看看王教授。

5）下周有考试，周末我__________好好复习。

6）这个商场很大，里面__________各种各样的东西。

2 語句を並び替えて、意味の通る文にしなさい。

1）东西　帮　你　一下　麻烦　我　拿

____

2）问题　有　问　你们　就　老师　要是

____

3）所有　都　八点　打　的　面包　以后　五折

____

4）去　小王　不是　明天的会　小张　就是　参加

____

5）因为　眼睛　太多　主要是　看电视　不好　孩子

____

3 （　）内の語句を使って、文を完成させなさい。

1）A：听说你的爱好很多。

B：是啊，________________________________，我都喜欢。

（什么的）

2）A：我的电脑有点儿问题，你可以帮我看看吗？

B：________________________________。（包在我身上）

3）A：晚上去饭馆吃吧？

B：去饭馆吃多贵啊，食堂的菜________________________。（又……又……）

4）A：听说你有很多爱好。

B：对，我________________________________。（既……又……）

5）A：明天我们还去爬山吗？

B：________________________，我们就去爬山。（要是）

6）A：有时间的话，你想做什么？

B：____。

（要是……，就……）

7）A：昨天山本生病了。

B：________________________________。（怪不得）

8）A：田中在中国学过两年汉语。

B：________________________________。（怪不得）

9）A：小王的生日是哪天？

B：我记不太清楚了，________________________。（不是……就是……）

10）A：周末你一般做什么？

B：____。

（不是……就是……）

④ 語句を全て使って、本文の会話の内容を文章にまとめなさい。

和……一起　买　附近　又……又……　离　主要　水果　得　觉得　要是　着急

打折　比

买完　结账　试试　或者　支付　方便　怪不得　现金　不是……就是……

ミニコラム

www.中国

A20

微信红包

在农历《nónglì》新年，中国人都习惯给小孩子红包，这种传统《chuántǒng》红包也叫压岁钱《yāsuìqián》。现在有了更便捷《biànjié》的方式，很多人通过手机发送“电子红包”。平时《píngshí》家人过生日，给朋友转《zhuǎn》钱，人们也喜欢使用微信红包。微信红包已经成为一种新时尚《shíshàng》。

第3课　我非常喜欢中国美食

（美優さんと張莉さんは、張莉さんおすすめのレストランに行くところです。）

A21 美优　：饭馆 远 吗？
A22 Měiyōu : Fànguǎn yuǎn ma?

张 莉　：很 近，走路 大概 十 分钟。
Zhāng Lì : Hěn jìn, zǒulù dàgài shí fēnzhōng.

美优　：现在 才 五 点 钟，吃 晚饭 是否 有点儿 早？
Xiànzài cái wǔ diǎn zhōng, chī wǎnfàn shìfǒu yǒudiǎnr zǎo?

张 莉　：一点儿 也 不 早，这 是 一 家 网红 店，特别 火。
Yìdiǎnr yě bù zǎo, zhè shì yì jiā wǎnghóng diàn, tèbié huǒ.

（レストランに到着すると…。）

美优　：天 哪！竟然 已经 有 这么 多 人 了。
Tiān na! Jìngrán yǐjīng yǒu zhème duō rén le.

张 莉　：所以 要 早 来，否则 要 等 很 长 时间。
Suǒyǐ yào zǎo lái, fǒuzé yào děng hěn cháng shíjiān.

美优　：我们 坐在 窗 边 吧，比较 安静。
Wǒmen zuòzài chuāng biān ba, bǐjiào ānjìng.

张 莉　：这 是 菜单，你 看看，想 吃 点儿 什么？
Zhè shì càidān, nǐ kànkan, xiǎng chī diǎnr shénme?

美优　：看起来 都 很 好吃。我 不 会 点 菜，你 来 点 吧。
Kànqǐlai dōu hěn hǎochī. Wǒ bú huì diǎn cài, nǐ lái diǎn ba.

张 莉　：那 我 给 你 点 几 个 特色 菜，保证 你 喜欢。你 想 喝
Nà wǒ gěi nǐ diǎn jǐ ge tèsè cài, bǎozhèng nǐ xǐhuan. Nǐ xiǎng hē

点儿 什么？
diǎnr shénme?

美优　：我 喜欢 喝 茶。绿茶、红茶 和 花茶 我 都 喜欢，特别 是
Wǒ xǐhuan hē chá. Lǜchá、hóngchá hé huāchá wǒ dōu xǐhuan, tèbié shì

茉莉 花茶。
mòlì huāchá.

张 莉　：今天 我们 尝尝 普洱茶 怎么样？
Jīntiān wǒmen chángchang pǔ'ěrchá zěnmeyàng?

美优　：好 啊，我 听说过，不过 还 没 喝过。
Hǎo a, wǒ tīngshuōguo, búguò hái méi hēguo.

张 莉　：有的 留学生 不 太 习惯 中国 的 饮食，我 觉得 你 挺
Yǒude liúxuéshēng bú tài xíguàn Zhōngguó de yǐnshí, wǒ juéde nǐ tǐng

习惯 的。
xíguàn de.

美优　：我 非常 喜欢 中国 美食，经常 和 同学 们 一起 出去
Wǒ fēicháng xǐhuan Zhōngguó měishí, jīngcháng hé tóngxué men yìqǐ chūqu

吃饭。来 中国 一个 多 月，我 胖了 五 斤。
chīfàn. Lái Zhōngguó yí ge duō yuè, wǒ pàngle wǔ jīn.

张莉　：喝 普洱茶 可以 减肥，今天 不用 担心 长胖。菜 来 了，
Hē pǔ'ěrchá kěyǐ jiǎnféi, jīntiān búyòng dānxīn zhǎngpàng. Cài lái le,

我们 以 茶 代 酒，干 一 杯，祝 你 学习 顺利！
wǒmen yǐ chá dài jiǔ, gān yì bēi, zhù nǐ xuéxí shùnlì!

美优　：谢谢！干 杯！
Xièxie! Gān bēi!

新出語句

A23

1）美食	měishí	名		10）保证	bǎozhèng	動
2）大概	dàgài	副		11）茉莉花茶	mòlì huāchá	
3）是否	shìfǒu	副		12）普洱茶	pǔ'ěrchá	名
4）网红	wǎnghóng			13）饮食	yǐnshí	名
5）火	huǒ	形		14）胖	pàng	形
6）天哪	tiān na			15）斤	jīn	量
7）窗边	chuāng biān			16）减肥	jiǎnféi	動
8）安静	ānjìng	形		17）以茶代酒	yǐ chá dài jiǔ	
9）点	diǎn	動		18）顺利	shùnlì	形

文法ポイント

1　一点儿也不……　少しも…ない

“一点儿”（+名詞）+“也／都”+否定形“不／没（有）”……

「少しも…ない／なかった」。全否定を表す。“也”は“都”でもよい。

A24
1）中午吃得太多了，现在我一点儿也不饿。
Zhōngwǔ chī de tài duō le, xiànzài wǒ yìdiǎnr yě bú è.

2）她身体不舒服，一点儿东西也不想吃。
Tā shēntǐ bù shūfu, yìdiǎnr dōngxi yě bù xiǎng chī.

3）这件事我真的一点儿都不知道。
Zhè jiàn shì wǒ zhēn de yìdiǎnr dōu bù zhīdào.

4）今天太累了，作业一点儿都没做。
Jīntiān tài lèi le, zuòyè yìdiǎnr dōu méi zuò.

2　竟然　副　意外にも

意外な事実に驚いたことを表す。

A25
1）我们说好七点见面，他竟然八点还没来。
Wǒmen shuōhǎo qī diǎn jiànmiàn, tā jìngrán bā diǎn hái méi lái.

2）张莉才学了一年多日语，竟然能说得这么流利。
Zhāng Lì cái xuéle yì nián duō Rìyǔ, jìngrán néng shuō de zhème liúlì.

3）小明平时成绩很好，这次竟然只考了七十分。
Xiǎomíng píngshí chéngjì hěn hǎo, zhè cì jìngrán zhǐ kǎole qīshí fēn.

3　否则　接　そうでなければ　さもないと

複文の後節の初めに用いて、もし前節が示す状況でなければ後節の状況になることを表す。

A26
1）田中每天都来上课，今天怎么没来？
Tiánzhōng měi tiān dōu lái shàngkè, jīntiān zěnme méi lái?

——她可能病了，否则一定会来上课。
——Tā kěnéng bìng le, fǒuzé yídìng huì lái shàngkè.

2）你得努力学习，否则很难毕业。
Nǐ děi nǔlì xuéxí, fǒuzé hěn nán bìyè.

3）我们最好早点儿出发，否则路上会堵车。
Wǒmen zuìhǎo zǎo diǎnr chūfā, fǒuzé lùshang huì dǔchē.

4　看起来　見たところ

推量を表す。通常、主語の後に置く。"起来"は、方向補語の派生的用法で、試行を表す。

A27
1）你看起来很累，是不是工作太忙了？　Nǐ kànqǐlai hěn lèi, shì bu shì gōngzuò tài máng le?

2）这个房间看起来比较大，我们住这间吧。　Zhège fángjiān kànqǐlai bǐjiào dà, wǒmen zhù zhè jiān ba.

3）王老师看起来很年轻，一点儿也不像四十多岁。　Wáng lǎoshī kànqǐlai hěn niánqīng, yìdiǎnr yě bú xiàng sìshí duō suì.

5　特别是……　特に／とりわけ…がそうである

副詞"特别"に、同類の人や事物の中で特に強調する必要がある一つを取り上げるため"是"をつけて用いる。

A28
1）香山公园一年四季都很漂亮，特别是秋天。　Xiāngshān gōngyuán yì nián sì jì dōu hěn piàoliang, tèbié shì qiūtiān.

2）学校门口天天都堵车，特别是上下班的时候。　Xuéxiào ménkǒu tiāntiān dōu dǔchē, tèbié shì shàngxiàbān de shíhou.

3）哈尔滨的冬天很冷，特别是一月，最低气温零下三十多度。　Hā'ěrbīn de dōngtiān hěn lěng, tèbié shì yīyuè, zuì dī qìwēn língxià sānshí duō dù.

ドリル

1 空欄に合う語句をA－Fから選んで書きなさい。

A 是否　　B 安静　　C 保证　　D 点　　E 顺利　　F 大概

1）在张莉的帮助下，美优______地办好了银行卡。

2）从大阪到上海坐飞机______要三个小时。

3）放暑假了，学校里非常______。

4）今天我请客，想吃什么随便______。

5）毕业以后，你______愿意来我们公司工作？

6）我带你去尝尝那里的特色菜，______你喜欢。

2 語句を並び替えて、意味の通る文にしなさい。

1）意思　大概　了　我　的　看懂　邮件

____

2）生日　妻子　把　的　他　忘了　竟然

____

3）做的　很好吃　这个菜　你　看起来

____

4）考试　不　一点儿　看起来　他　担心　也

____

5）你　好看　衣服　穿　这件　保证

____

3 （　）内の語句を使って、文を完成させなさい。

1）A：听说你看过这个电影，好看吗？

B：________________________________。　（一点儿也……）

2）A：昨天的考试怎么样？难不难？

B：这次复习得很好，所以我觉得________________。　（一点儿都……）

3）A：山本的汉语说得很好。

B：是啊，他才学了三个月，________________。　（竟然）

4）A：明天跟我们一起去长城吧。

B：下周的考试我还没复习好，________________________。　（否则）

5）A：你看我新买的衣服怎么样？

B：不错，________________。　（看起来）

6）A：你喜欢运动吗？

B：我很喜欢运动，________________。　（特别是）

7）A：你喜欢吃中国菜吗？

B：当然喜欢，________________。　（特别是）

4 語句を全て使って、本文の会話の内容を文章にまとめなさい。

一起　近　大概　网红　火　才　已经　所以　否则

不会　给……点　特色　尝尝　喝茶　都　特别是　不过

有的　饮食　但是　习惯　美食　经常　出去　一个多月　胖了　减肥　担心

ミニコラム
www.中国

A29

中国美食

中国美食博大精深《bódà-jīngshēn》，除了《chúle》著名《zhùmíng》的鲁菜《lǔcài》、川菜《chuāncài》、粤菜《yuècài》、闽菜《mǐncài》、苏菜《sūcài》、浙菜《zhècài》、湘菜《xiāngcài》、徽菜《huīcài》等“八大菜系《càixì》”以外，还有很多传统的民间小吃。不同的地方饮食习惯不同，形成《xíngchéng》了各自的特色，总体《zǒngtǐ》上的饮食口味是“南甜北咸、东辣西酸”。

第4课 你喜欢看电视剧吗？

（美優さんと張莉さんはキャンパスで趙剛さんに出会いました。）

A30 赵刚 ：二位 好。打扮 得 这么 漂亮 去 哪儿 啊？
A31 Zhào Gāng : Èr wèi hǎo. Dǎban de zhème piàoliang qù nǎr a?

张莉 ：我们 去 逛逛 街，顺便 吃 个 饭。
Zhāng Lì : Wǒmen qù guàngguang jiē, shùnbiàn chī ge fàn.

赵刚 ：哎，张莉，你 的 眼睛 怎么 这么 红？
Āi, Zhāng Lì, nǐ de yǎnjing zěnme zhème hóng?

张莉 ：昨天 晚上 我 追 剧，从 九 点 看到 三 点，一下子 看了 十 集。
Zuótiān wǎnshang wǒ zhuī jù, cóng jiǔ diǎn kàndào sān diǎn, yíxiàzi kànle shí jí.

赵刚 ：没 想到 连 你 也 追 剧 啊，我 以为 你 只 喜欢 学习 呢。
Méi xiǎngdào lián nǐ yě zhuī jù a, wǒ yǐwéi nǐ zhǐ xǐhuan xuéxí ne.

张莉 ：谁 说 的？尽管 平时 学习 很 忙，可是 到了 周末 我 也 喜欢 看看 电影、逛逛 街 什么的。
Shéi shuō de? Jǐnguǎn píngshí xuéxí hěn máng, kěshì dàole zhōumò wǒ yě xǐhuan kànkan diànyǐng、guàngguang jiē shénmede.

赵刚 ：期中 考试 结束 了，也 应该 放松 放松。我 去 打 球 了，拜拜。
Qīzhōng kǎoshì jiéshù le, yě yīnggāi fàngsōng fàngsōng. Wǒ qù dǎ qiú le, báibái.

美优　：赵　刚　挺　幽默　的。
Měiyōu : Zhào Gāng tǐng yōumò de.

张　莉　：是　啊，他　也　特别　热情。对了，美优，你　喜欢　看　电视剧
Shì a, tā yě tèbié rèqíng. Duìle, Měiyōu, nǐ xǐhuan kàn diànshìjù

吗？
ma?

美优　：当然，在　日本　的　时候　常　看，不过　来　中国　以后，还
Dāngrán, zài Rìběn de shíhou cháng kàn, búguò lái Zhōngguó yǐhòu, hái

没　看过。
méi kànguo.

张　莉　：我　建议　你　多　看看　电视剧，不仅　能　提高　汉语　水平，
Wǒ jiànyì nǐ duō kànkan diànshìjù, bùjǐn néng tígāo Hànyǔ shuǐpíng,

而且　可以　了解　中国人　的　生活。
érqiě kěyǐ liǎojiě Zhōngguórén de shēnghuó.

美优　：电视剧 里 有的 对话 很 难，而且 语速 也 比较 快。
Diànshìjù li yǒude duìhuà hěn nán, érqiě yǔsù yě bǐjiào kuài.

张 莉　：中国 的 电视剧 都 有 中文 字幕，一边 看 字幕 一边 听
Zhōngguó de diànshìjù dōu yǒu Zhōngwén zìmù, yìbiān kàn zìmù yìbiān tīng

对话，慢慢 就 听懂 了。
duìhuà, mànmàn jiù tīngdǒng le.

美优　：那 你 给 我 推荐 几 个 吧，我 喜欢 看 爱情 剧。
Nà nǐ gěi wǒ tuījiàn jǐ ge ba, wǒ xǐhuan kàn àiqíng jù.

新出語句

A32

1） 电视剧 diànshìjù 名
2） 打扮 dǎban 動
3） 逛街 guàng jiē
4） 顺便 shùnbiàn 副
5） 追剧 zhuī jù
6） 集 jí 量
7） 平时 píngshí 名
8） 期中 qīzhōng 名
9） 结束 jiéshù 動
10） 放松 fàngsōng 動
11） 打球 dǎ qiú
12） 幽默 yōumò 形
13） 建议 jiànyì 動 名
14） 了解 liǎojiě 動
15） 对话 duìhuà 名
16） 语速 yǔsù 名
17） 字幕 zìmù 名
18） 推荐 tuījiàn 動
19） 爱情 àiqíng 名

文法ポイント

1　连……也……　｜　…すら…

介詞“连”は“也”と呼応して強調を表す。“也”は“都”でもよい。“连”の前に、際立った事例を示す副詞“甚至”（ひいては）を加えることもある。

A33
1）刚到中国的时候，她连一句汉语也不会说。　Gāng dào Zhōngguó de shíhou, tā lián yí jù Hànyǔ yě bú huì shuō.

2）他在北京住了十年，竟然连长城也没去过。　Tā zài Běijīng zhùle shí nián, jìngrán lián Chángchéng yě méi qùguo.

3）这个问题太简单了，连小孩子都知道。　Zhège wèntí tài jiǎndān le, lián xiǎoháizi dōu zhīdào.

4）爸爸最近工作特别忙，甚至连周末都不能休息。　Bàba zuìjìn gōngzuò tèbié máng, shènzhì lián zhōumò dōu bù néng xiūxi.

2　以为　｜　動 思い込む

人や事物に対して下した判断が、事実と異なっていた場合に用いる。

A34
1）我以为他是日本人，其实他是韩国人。　Wǒ yǐwéi tā shì Rìběnrén, qíshí tā shì Hánguórén.

2）我以为王老师还没结婚，没想到他的孩子都五岁了。　Wǒ yǐwéi Wáng lǎoshī hái méi jiéhūn, méi xiǎngdào tā de háizi dōu wǔ suì le.

3）我以为美优回国了，原来她去南方旅行了。　Wǒ yǐwéi Měiyōu huí guó le, yuánlái tā qù nánfāng lǚxíng le.

4）我以为汉语很容易，学了以后才知道并不容易。　Wǒ yǐwéi Hànyǔ hěn róngyì, xuéle yǐhòu cái zhīdào bìng bù róngyì.

3　谁说的？　｜　誰が言っているの？→そんなことありません

反語文　否定の意思を表す。具体的な状況を述べて否定する“谁说……?”の形をとることもある。

A35
1）听说你不想跟我们一起去旅行。　Tīngshuō nǐ bù xiǎng gēn wǒmen yìqǐ qù lǚxíng.
——谁说的？我当然想去啊。　——Shéi shuō de? Wǒ dāngrán xiǎng qù a.

2）我的汉语发音不好。　Wǒ de Hànyǔ fāyīn bù hǎo.
——谁说的？你的发音挺好的。　——Shéi shuō de? Nǐ de fāyīn tǐng hǎo de.

3）我觉得这个工作挺轻松的。　Wǒ juéde zhège gōngzuò tǐng qīngsōng de.
——谁说轻松？我们每天可忙了。　——Shéi shuō qīngsōng? Wǒmen měi tiān kě máng le.

4　尽管……，可是……　｜　…ではあるけれども、しかし…

接続詞“尽管”は、後節でよく接続詞“可是”と呼応して、事実を認めた上で、実際には別の状況であることを述べる。“可是”は“但是／但／却”でもよい。

A36

1) 尽管已经是四月了，可是天气还是很冷。　Jǐnguǎn yǐjīng shì sìyuè le, kěshì tiānqì háishi hěn lěng.

2) 尽管听不懂，但是外国人还是很喜欢京剧。　Jǐnguǎn tīngbudǒng, dànshì wàiguórén háishi hěn xǐhuan Jīngjù.

3) 今天尽管身体不舒服，但她还是来上课了。　Jīntiān jǐnguǎn shēntǐ bù shūfu, dàn tā háishi lái shàngkè le.

4) 尽管他住得比较远，却来得最早。　Jǐnguǎn tā zhù de bǐjiào yuǎn, què lái de zuì zǎo.

5　看看电影、逛逛街、放松放松　｜　映画を見たり、街を散策したり、リラックスしたりする

動作を表す動詞は、重ね型となって「…してみる、ちょっと…する」という意味を表す。単音節の動詞は“AA”または“A 一 A”、二音節の動詞は“ABAB”の形をとる。

A37

1) 这部电视剧挺有意思的，有时间可以看（一）看。　Zhè bù diànshìjù tǐng yǒu yìsi de, yǒu shíjiān kěyǐ kàn (yi) kan.

2) 周末挺忙的，在家洗洗衣服、做做饭、打扫打扫房间。　Zhōumò tǐng máng de, zài jiā xǐxi yīfu、zuòzuo fàn、dǎsǎo dǎsǎo fángjiān.

3) 这个计划还有些问题，我们再商量商量。　Zhège jìhuà hái yǒuxiē wèntí, wǒmen zài shāngliang shāngliang.

6　不仅……，而且……　｜　…のみならず、さらに…

情報を補うことを表す。接続詞“不仅”は“不但”でもよく、“不仅／不但”は省略できるが、接続詞“而且”は省略できない。前節と後節の主語が同じ場合、主語は文頭に置く。前節と後節の主語が異なる場合、主語は“不仅／不但”と“而且”の後に置く。後節には“也”を伴うことが多い。

A38

1) 他（不但）会唱歌，而且唱得很好。　Tā (búdàn) huì chàng gē, érqiě chàng de hěn hǎo.

2) 美优不仅会说汉语，而且了解中国文化。　Měiyōu bùjǐn huì shuō Hànyǔ, érqiě liǎojiě Zhōngguó wénhuà.

3) 不但中国人喜欢喝茶，而且很多外国人也喜欢喝茶。　Búdàn Zhōngguórén xǐhuan hē chá, érqiě hěn duō wàiguórén yě xǐhuan hē chá.

ドリル

1 空欄に合う語句をA－Fから選んで書きなさい。

A 顺便　　B 放松　　C 建议　　D 了解　　E 平时　　F 结束

1）我______你下课以后多跟中国朋友聊聊天。

2）我刚来，对这儿的情况还不太______。

3）你去超市买东西的时候，______帮我买个本子吧。

4）你说的这些电视剧我都没看过，我______很少看电视。

5）学习______以后他想留在中国工作。

6）最近一直在准备期中考试，考完试我得好好______一下。

2 語句を並び替えて、意味の通る文にしなさい。

1）一本　了　我　好书　给　朋友　推荐

2）以后　去　学习　打算　玩儿　你　结束　哪儿

3）可以　生活　中国人　的　旅行　了解

4）王老师　顺便　回家时　带给　你　这本书　把

5）电视　看看　我　放松　周末　一下　想

3 （　）内の語句を使って、文を完成させなさい。

1）A：太奇怪了，八点了，教室里＿＿＿＿＿＿＿＿＿＿＿＿＿＿＿＿。（连……也……）

B：这不是 301，你走错教室了。

2）A：你先生每天回家都这么晚吗？

B：是的，平时常常加班，＿＿＿＿＿＿＿＿＿＿＿＿＿＿＿＿＿＿＿＿＿＿。

（连……都……）

3）A：今天的考试一点儿也不难。

B：是啊，＿＿＿＿＿＿＿＿＿＿＿＿＿＿＿＿。（以为）

4）A：听说你不喜欢吃辣的，那我们不去吃火锅了。

B：＿＿＿＿＿＿＿＿＿＿＿＿＿＿＿＿＿＿＿＿＿＿＿＿＿＿＿＿＿＿＿＿＿＿＿。

（谁说的？／谁说……？）

5）A：你认识小王好几年了，你了解他吗？

B：＿＿＿＿＿＿＿＿＿＿＿＿＿＿＿＿＿＿＿＿＿＿，但是我不太了解他。（尽管）

6）A：你觉得汉语怎么样？难不难？

B：＿＿＿＿＿＿＿＿＿＿＿＿＿＿＿＿，可是我觉得很有意思。（尽管）

7）A：周末你在家做什么？

B：＿＿＿＿＿＿＿＿＿＿＿＿＿＿＿＿＿＿＿＿＿＿＿＿。（看看……、听听……）

8）A：王老师会说日语吗？

B：当然，他＿＿＿＿＿＿＿＿＿＿＿＿＿＿＿＿＿＿＿＿＿＿。

（不仅……，而且……）

4 語句を全て使って、本文の会話の内容を文章にまとめなさい。

打扮　逛逛街　顺便　期中　结束　放松放松　追剧　从……看到……　一下子　集　尽管……，可是……

电视剧　常看　不过　看过　建议　不仅……，而且……　觉得　对话　语速　告诉　字幕　一边……一边……　听懂　给……推荐……　爱情

ミニコラム
www.中国

A39

追星族《zhuīxīng zú》

追星族是指追逐《zhuīzhú》明星的一族人群，他们多数是年轻人，有着时尚流行《liúxíng》的心态《xīntài》。现在一般把追星族称为“粉丝《fěnsī》”。“粉丝”是英语单词“fans”的谐音《xiéyīn》。

第 5 课　最近你的汉语进步很快

（美優さんと張莉さんは一緒に勉強しています。）

A40 A41

张 莉 ：美优，第 四 课 的 课文 要 不 要 再 听 一 遍？
Zhāng Lì ：Měiyōu, dì sì kè de kèwén yào bu yào zài tīng yí biàn?

美优 ：不用，我 差不多 都 听懂 了。
Měiyōu ：Búyòng, wǒ chàbuduō dōu tīngdǒng le.

张 莉 ：最近 你 的 汉语 进步 很 快，特别 是 听力。
Zuìjìn nǐ de Hànyǔ jìnbù hěn kuài, tèbié shì tīnglì.

美优 ：主要 是 老师 教 的 方法 很 好。按照 这个 方法 练习
Zhǔyào shì lǎoshī jiāo de fāngfǎ hěn hǎo. Ànzhào zhège fāngfǎ liànxí

听力，效果 不错。
tīnglì, xiàoguǒ búcuò.

张 莉 ：你 来 北京 不过 三 个 月，现在 你 的 汉语 比 我 的 日语
Nǐ lái Běijīng búguò sān ge yuè, xiànzài nǐ de Hànyǔ bǐ wǒ de Rìyǔ

强 啊。
qiáng a.

美优 ：哪儿 啊，跟 你 相比，我 还 差得远 呢。
Nǎr a, gēn nǐ xiāngbǐ, wǒ hái chàdeyuǎn ne.

张 莉 ：你 太 谦虚 了。随着 听力 水平 的 提高，你 的 口语 也 会
Nǐ tài qiānxū le. Suízhe tīnglì shuǐpíng de tígāo, nǐ de kǒuyǔ yě huì

越来越 好。
yuèláiyuè hǎo.

美优 ：对 我们 日本人 来说，学习 汉语 口语 和 听力 最 难。
Duì wǒmen Rìběnrén láishuō, xuéxí Hànyǔ kǒuyǔ hé tīnglì zuì nán.

张莉：学习 语言 一定 要 多 听 多 说。
Xuéxí yǔyán yídìng yào duō tīng duō shuō.

美优：我们 班 的 老师 也 常常 对 我们 说，只要 多 听 多
Wǒmen bān de lǎoshī yě chángcháng duì wǒmen shuō, zhǐyào duō tīng duō

说，就 一定 能 学好 汉语。
shuō, jiù yídìng néng xuéhǎo Hànyǔ.

张莉：刚 来 的 时候 你 不 太 爱 说，通过 这 段 时间 在 一起
Gāng lái de shíhou nǐ bú tài ài shuō, tōngguò zhè duàn shíjiān zài yìqǐ

学习，我 发现 你 的 变化 很 大。
xuéxí, wǒ fāxiàn nǐ de biànhuà hěn dà.

美优：那 得 感谢 你 的 帮助。那 时候 我 担心 说错，不 好意思
Nà děi gǎnxiè nǐ de bāngzhù. Nà shíhou wǒ dānxīn shuōcuò, bù hǎoyìsi

说 汉语。还 有 一 点 就 是 这儿 的 语言 环境 特别 好。
shuō Hànyǔ. Hái yǒu yì diǎn jiù shì zhèr de yǔyán huánjìng tèbié hǎo.

张 莉　：那 你 别 回 国 了。
　　　　Nà nǐ bié huí guó le.

美优　：嗯，下 个 学期 我 想 继续 在 这儿 学习。
　　　　Ǹg, xià ge xuéqī wǒ xiǎng jìxù zài zhèr xuéxí.

新出語句

A42

1）	进步	jìnbù	動
2）	差不多	chàbuduō	副
3）	听力	tīnglì	名
4）	方法	fāngfǎ	名
5）	按照	ànzhào	介
6）	效果	xiàoguǒ	名
7）	不过	búguò	副
8）	强	qiáng	形
9）	差得远	chàdeyuǎn	
10）	谦虚	qiānxū	形
11）	刚	gāng	副
12）	通过	tōngguò	介
13）	段	duàn	量
14）	发现	fāxiàn	動
15）	变化	biànhuà	名
16）	语言	yǔyán	名
17）	环境	huánjìng	名
18）	学期	xuéqī	名
19）	继续	jìxù	動

文法ポイント

1 跟……相比 ｜ …と比べると

対比を表す。介詞“跟”は“和”でも、“相比”は“比起来”でもよい。

A43

1) 跟上海相比，我更喜欢北京，因为名胜古迹非常多。
Gēn Shànghǎi xiāngbǐ, wǒ gèng xǐhuan Běijīng, yīnwèi míngshèng gǔjì fēicháng duō.

2) 和公交车相比，地铁最大的优点是不堵车。
Hé gōngjiāo chē xiāngbǐ, dìtiě zuì dà de yōudiǎn shì bù dǔchē.

3) 跟你比起来，我的汉语还差得远呢。
Gēn nǐ bǐ qǐlai, wǒ de Hànyǔ hái chàdeyuǎn ne.

2 随着…… ｜ 介 …につれて

ある状況によってもう一つの状況が引き起こされることを表す。

A44

1) 随着中国经济的发展，人们的生活越来越好。
Suízhe Zhōngguó jīngjì de fāzhǎn, rénmen de shēnghuó yuèláiyuè hǎo.

2) 随着在中国学习时间越来越长，同学们的汉语水平也越来越高。
Suízhe zài Zhōngguó xuéxí shíjiān yuèláiyuè cháng, tóngxué men de Hànyǔ shuǐpíng yě yuèláiyuè gāo.

3) 随着汉语水平的提高，我越来越喜欢中国文化。
Suízhe Hànyǔ shuǐpíng de tígāo, wǒ yuèláiyuè xǐhuan Zhōngguó wénhuà.

3 对……来说 ｜ …にとって言えば

ある人や事柄の角度から述べる。強調の意味がある。

A45

1) 对我来说，做饭是一件很容易的事。
Duì wǒ láishuō, zuò fàn shì yí jiàn hěn róngyì de shì.

2) 对中国人来说，春节是最重要的节日。
Duì Zhōngguórén láishuō, Chūnjié shì zuì zhòngyào de jiérì.

3) 对美国学生来说，学习汉语汉字最难。
Duì Měiguó xuéshēng láishuō, xuéxí Hànyǔ Hànzì zuì nán.

4) 对一个家庭来说，家人平安健康是最大的幸福。
Duì yí ge jiātíng láishuō, jiārén píng'ān jiànkāng shì zuì dà de xìngfú.

4　只要……，就……　…しさえすれば、…

接続詞“只要”は必要条件を表し、後節は、“就”で呼応し、結論を示す。

A46
1）只要有机会，我就和中国人练习说汉语。 Zhǐyào yǒu jīhuì, wǒ jiù hé Zhōngguórén liànxí shuō Hànyǔ.
2）小王特别热情，只要你问他，他就一定会回答你。 Xiǎo Wáng tèbié rèqíng, zhǐyào nǐ wèn tā, tā jiù yídìng huì huídá nǐ.
3）只要努力学习，就一定能取得好成绩。 Zhǐyào nǔlì xuéxí, jiù yídìng néng qǔdé hǎo chéngjì.

5　别……了　（もう）…しないで

命令文。副詞“别”は禁止を表す。語気助詞“了”がつくことで、今行っている動作・行為の中止を求める意味にもなる。“别”は“不要”でもよい。

(1) 相手にある動作を起こさないよう求める。

A47
1）上课别迟到了。 Shàngkè bié chídào le.
2）别忘了，明天一定要带护照。 Bié wàng le, míngtiān yídìng yào dài hùzhào.
3）不要点太多了。 Búyào diǎn tài duō le.

(2) 相手に今行っている動作について中止を求める。

A48
1）我们到了，别睡了。 Wǒmen dào le, bié shuì le.
2）你已经喝了三瓶啤酒了，别喝了。 Nǐ yǐjīng hēle sān píng píjiǔ le, bié hē le.
3）不要看手机了。 Búyào kàn shǒujī le.

ドリル

1 空欄に合う語句をA－Fから選んで書きなさい。

A 按照　B 继续　C 通过　D 变化　E 发现　F 效果

1）＿＿＿＿＿这次旅行，我们学到了许多书本上学不到的东西。

2）这几天天气＿＿＿＿＿很大，不少人得了感冒。

3）这种药他吃了三个月了，可是没有＿＿＿＿＿。

4）＿＿＿＿＿中国人的习惯，春节要贴“福”字。

5）我＿＿＿＿＿小丽今天打扮得特别漂亮。

6）王经理，我愿意＿＿＿＿＿留在公司工作。

2 語句を並び替えて、意味の通る文にしなさい。

1）西安　坐　四个　从　高铁　北京　到　不过　小时

＿＿＿＿＿＿＿＿＿＿＿＿＿＿＿＿＿＿＿＿＿＿＿＿

2）要　做　一定　要求　按照　的　作业　老师

＿＿＿＿＿＿＿＿＿＿＿＿＿＿＿＿＿＿＿＿＿＿＿＿

3）安静　的　又　学校　漂亮　环境　又　我们

＿＿＿＿＿＿＿＿＿＿＿＿＿＿＿＿＿＿＿＿＿＿＿＿

4）活动　中国朋友　通过　我　这次　认识了　很多

＿＿＿＿＿＿＿＿＿＿＿＿＿＿＿＿＿＿＿＿＿＿＿＿

5）兵马俑　年　的　被　1974　发现　是

＿＿＿＿＿＿＿＿＿＿＿＿＿＿＿＿＿＿＿＿＿＿＿＿

3 （　）内の語句を使って、文を完成させなさい。

1）A：中国菜和韩国菜，你更喜欢吃哪个？

B：＿＿＿＿＿＿＿＿＿＿＿＿＿＿＿＿＿＿＿＿＿＿＿＿＿＿＿＿＿＿。

（和……相比）

2）A：这次留学我想去北京。你呢，想去北京还是上海？

B：＿＿＿＿＿＿＿＿＿＿＿＿＿＿＿＿＿＿＿＿＿＿＿＿＿。（跟……比起来）

3）A：现在出国旅游的人越来越多了。

B：是啊，＿＿＿＿＿＿＿＿＿＿＿＿＿＿＿＿＿＿＿＿＿＿＿＿＿＿＿＿＿＿

＿＿＿＿＿＿＿＿＿＿。（随着）

4）A：你认为学习汉语什么最难？

B：＿＿＿＿＿＿＿＿＿＿＿＿＿＿＿＿＿＿。（对……来说）

5）A：工作、家庭、孩子、健康、快乐等等，你觉得什么最重要？

B：＿＿＿＿＿＿＿＿＿＿＿＿＿＿＿＿＿＿＿＿。（对……来说）

6）A：你常常去旅行吗？

B：旅行是我最大的爱好，＿＿＿＿＿＿＿＿＿＿＿＿＿＿＿＿＿＿＿＿＿＿。

（只要……，就……）

7）A：你觉得我能学好汉语吗？

B：＿＿＿＿＿＿＿＿＿＿＿＿＿＿＿＿＿＿＿＿＿＿＿＿＿＿＿＿＿。

（只要……，就……）

8）A：都十二点了，＿＿＿＿＿＿＿＿＿＿。（别……了）

B：你先睡吧，这个电视剧还有 1 集就看完了。

4 語句を全て使って、本文の会話の内容を文章にまとめなさい。

最近　进步　特别是　主要　方法　按照　效果　不过　……比……强　跟……相比　差得远

对……来说　最难　语言　多听多说　常常　只要……，就……

刚　爱说　通过　段　发现　变化　感谢　语言环境　学期　继续

ミニコラム
www.中国

A49

网络《wǎngluò》流行词

学霸《xuébà》：擅长《shàncháng》学习，每门学科《xuékē》分数都很高的学生。

520：用数字谐音表示“我爱你”。

点赞《diǎnzàn》：表示“赞同《zàntóng》”、“喜爱”。

宅男《zháinán》：长期呆《dāi》在家里，不喜欢社交《shèjiāo》的男性。

颜值《yánzhí》：人或事物外在的形象《xíngxiàng》。

男神《nánshén》：称呼自己喜欢的优秀《yōuxiù》男性。

第6课　去我家过春节吧

（美優さんと張莉さんは冬休みの予定について話しています。）

A50 美优　：时间 过得 真 快，不知不觉 一 个 学期 就要 过去 了。
A51 Měiyōu ：Shíjiān guò de zhēn kuài, bùzhī-bùjué yí ge xuéqī jiùyào guòqu le.

张 莉　：可不是。寒假 有 什么 打算？
Zhāng Lì ：kěbushì. Hánjià yǒu shénme dǎsuàn?

美优　：我 想 和 同学 去 旅行，然后 再 回 国。
Wǒ xiǎng hé tóngxué qù lǚxíng, ránhòu zài huí guó.

张 莉　：你们 想 去 哪儿？
Nǐmen xiǎng qù nǎr?

美优　：除了 北京 和 上海，别的 地方 我 都 没 去过。你 有 什么
Chúle Běijīng hé Shànghǎi, biéde dìfang wǒ dōu méi qùguo. Nǐ yǒu shénme

建议？
jiànyì?

张 莉　：我 建议 你 去 西安、洛阳、南京 或者 杭州，这些 地方
Wǒ jiànyì nǐ qù Xī'ān、Luòyáng、Nánjīng huòzhě Hángzhōu, zhèxiē dìfang

既 是 历史 文化 名城 又 是 著名 的 旅游 城市。
jì shì lìshǐ wénhuà míngchéng, yòu shì zhùmíng de lǚyóu chéngshì.

美优　：都 是 好 地方，其中 西安 是 我 最 想 去 的，我
Dōu shì hǎo dìfang, qízhōng Xī'ān shì wǒ zuì xiǎng qù de, wǒ

早就 想 去 看看 兵马俑 了。
zǎojiù xiǎng qù kànkan Bīngmǎyǒng le.

张 莉　：西安 是 千 年 古都，除了 名胜 古迹，那里 的 小吃 也
Xī'ān shì qiān nián gǔdū, chúle míngshèng gǔjì, nàli de xiǎochī yě

特别 有名。
tèbié yǒumíng.

美优 ：那 一定 要 尝尝。 我们 想 坐 高铁 去，票 好 买 吗？
Nà yídìng yào chángchang. Wǒmen xiǎng zuò gāotiě qù, piào hǎo mǎi ma?

张莉 ：从 下 周 起 春运 就要 开始 了，很 多 人 要 回 家 过
Cóng xià zhōu qǐ chūnyùn jiùyào kāishǐ le, hěn duō rén yào huí jiā guò

年，还是 早 点儿 买 比较 好。
nián, háishi zǎo diǎnr mǎi bǐjiào hǎo.

美优 ：好 的，我们 商量 一下 就 买 票。
Hǎo de, wǒmen shāngliang yíxià jiù mǎi piào.

张莉 ：我 家 离 杭州 很 近，你们 去 杭州 的话，去 我 家 过
Wǒ jiā lí Hángzhōu hěn jìn, nǐmen qù Hángzhōu dehuà, qù wǒ jiā guò

春节 吧。
Chūnjié ba.

美优　：可以 吗？ 听说 春节 是 中国 最 重要 的 传统 节日，
Kěyǐ ma? Tīngshuō Chūnjié shì Zhōngguó zuì zhòngyào de chuántǒng jiérì,

家人 要 一起 吃 年夜饭。
jiārén yào yìqǐ chī niányèfàn.

张 莉　：非常 欢迎，我 爸 妈 可 热情 了，再说 我们 家乡 每 年
Fēicháng huānyíng, wǒ bà mā kě rèqíng le, zàishuō wǒmen jiāxiāng měi nián

春节 都 举办 民俗 活动，特别 热闹，你 一定 要 去 看看。
Chūnjié dōu jǔbàn mínsú huódòng, tèbié rènao, nǐ yídìng yào qù kànkan.

美优　：我 太 期待 了。
Wǒ tài qīdài le.

新出語句

A52

1）	过	guò	動
2）	春节	Chūnjié	固名
3）	不知不觉	bùzhī-bùjué	
4）	寒假	hánjià	名
5）	洛阳	Luòyáng	固名
6）	南京	Nánjīng	固名
7）	杭州	Hángzhōu	固名
8）	著名	zhùmíng	形
9）	旅游	lǚyóu	動
10）	城市	chéngshì	名
11）	其中	qízhōng	名
12）	兵马俑	Bīngmǎyǒng	固名
13）	古都	gǔdū	名
14）	名胜古迹	míngshèng gǔjì	
15）	小吃	xiǎochī	名
16）	票	piào	名
17）	春运	chūnyùn	名
18）	商量	shāngliang	動
19）	重要	zhòngyào	形
20）	传统	chuántǒng	形
21）	节日	jiérì	名
22）	年夜饭	niányèfàn	
23）	家乡	jiāxiāng	名
24）	举办	jǔbàn	動
25）	民俗	mínsú	名
26）	热闹	rènao	形
27）	期待	qīdài	動

文法ポイント

1　就要……了　｜　まもなく…する

動作や状況がまもなく起こることを表す。“就要”は“要／快要／快”でもよい。連用修飾語として具体的な時間を表す語句を用いる場合、“快要／快……了”は用いることができない。

A53
1）房间快要收拾完了。　Fángjiān kuàiyào shōushi wán le.

2）客人快到了，你们准备好了吗？　Kèrén kuài dào le, nǐmen zhǔnbèi hǎo le ma?

3）下周我爸爸妈妈就要来中国了。　Xià zhōu wǒ bàba māma jiùyào lái Zhōngguó le.

4）马上要下雨了，我们快点儿走。　Mǎshàng yào xià yǔ le, wǒmen kuài diǎnr zǒu.

2　可不是　｜　そうですね

同意を伝える慣用句。“可不／可不是吗／可不吗”でもよい。

A54
1）好久没看电影了，周末咱们去看电影吧。　Hǎojiǔ méi kàn diànyǐng le, zhōumò zánmen qù kàn diànyǐng ba.

——可不是，这段时间太忙了。　——Kěbushì, zhè duàn shíjiān tài máng le.

2）食堂的菜又好吃又便宜。　Shítáng de cài yòu hǎochī yòu piányi.

——可不是吗，我也这么觉得。　——Kěbushì ma, wǒ yě zhème juéde.

3）现在找工作可真不容易呀。　Xiànzài zhǎo gōngzuò kě zhēn bù róngyì ya.

——可不吗，我儿子毕业都半年了，还没找到满意的工作。　——Kěbù ma, wǒ érzi bìyè dōu bàn nián le, hái méi zhǎodào mǎnyì de gōngzuò.

3　除了……，……　｜　…を除いて／のほかは、…

介詞“除了”は計算に入れないことを表す。前節の末尾に“以外”を加えることもある。

(1) 特殊な例を除いて、ほかは全て一致していることを表す。後節には“都”を用いることが多い。

A55
1）除了山本以外，别的同学都去过长城。　Chúle Shānběn yǐwài, biéde tóngxué dōu qùguo Chángchéng.

2）除了张莉，其他人美优都不认识。　Chúle Zhāng Lì, qítā rén Měiyōu dōu bú rènshi.

3）这个课文不难，除了这个句子以外，别的我都懂了。　Zhège kèwén bù nán, chúle zhège jùzi yǐwài, biéde wǒ dōu dǒng le.

(2) すでに知っているもののほかに、その他のものを補足する。後節には副詞“也／还”を用いることが多い。

A56 1) 除了你以外，赵刚也同意我的意见。 Chúle nǐ yǐwài, Zhào Gāng yě tóngyì wǒ de yìjiàn.

2) 除了长城，故宫和颐和园也是北京很有名的地方。 Chúle Chángchéng, Gùgōng hé Yíhéyuán yě shì Běijīng hěn yǒumíng de dìfang.

3) 除了汉语，他还会说英语和法语。 Chúle Hànyǔ, tā hái huì shuō Yīngyǔ hé Fǎyǔ.

4 好…… | 形 …しやすい

動詞の前に用いて、簡単にできることを表す。

A57 1) 今天的语法不太难，很好懂。 Jīntiān de yǔfǎ bú tài nán, hěn hǎo dǒng.

2) 这么大的箱子不好拿。 Zhème dà de xiāngzi bù hǎo ná.

3) 不用担心，这个问题好解决。 Búyòng dānxīn, zhège wèntí hǎo jiějué.

5 从……起 | …から

起点を表す“从”と“起”を組み合わせて、ある時間から始めることを表す。

A58 1) 从大学一年级起，很多同学就开始打工了。 Cóng dàxué yī niánjí qǐ, hěn duō tóngxué jiù kāishǐ dǎgōng le.

2) 从去年三月起，他每天都坚持听中文广播。 Cóng qùnián sānyuè qǐ, tā měi tiān dōu jiānchí tīng Zhōngwén guǎngbō.

3) 太极拳学习班从下周起每天下午四点开始。 Tàijíquán xuéxí bān cóng xià zhōu qǐ měi tiān xiàwǔ sì diǎn kāishǐ.

6 ……，再说…… | …、その上…

接続詞“再说”はある理由に加え、さらに理由を補足する。

A59 1) 咱们去看电影好吗？ Zánmen qù kàn diànyǐng hǎo ma?
——作业还没做完呢，再说外面正在下雨，怎么去啊？ ——Zuòyè hái méi zuòwán ne, zàishuō wàimian zhèngzài xià yǔ, zěnme qù a?

2) 这条裙子的颜色我不太喜欢，再说也有点儿贵，我再看看。 Zhè tiáo qúnzi de yánsè wǒ bú tài xǐhuan, zàishuō yě yǒudiǎnr guì, wǒ zài kànkan.

3) 去留学还是要选择大城市，因为大城市比小城市方便，再说语言环境也更好。 Qù liúxué háishi yào xuǎnzé dà chéngshì, yīnwèi dà chéngshì bǐ xiǎo chéngshì fāngbiàn, zàishuō yǔyán huánjìng yě gèng hǎo.

ドリル

1 空欄に合う語句をA－Fから選んで書きなさい。

A 热闹　　B 举办　　C 重要　　D 旅游　　E 商量　　F 传统

1）你有时间吗？我想跟你＿＿＿＿＿点儿事。

2）节假日的时候，小王经常开车去＿＿＿＿＿。

3）这个学期学校＿＿＿＿＿了很多有意思的活动。

4）这条街上有几家非常有特色的＿＿＿＿＿小吃店。

5）王府井大街是北京最＿＿＿＿＿的地方。

6）这么＿＿＿＿＿的事情，你怎么不早说呢？

2 語句を並び替えて、意味の通る文にしなさい。

1）中外　的　是　西安　闻名　城市　旅游

2）是　游览　最大　古迹　他　爱好　名胜　的

3）举办　上周　活动　的　参加了　学校　包饺子　我

4）中国　一种　回家　是　的　传统　过年

5）过　她家　我　去　请　中国朋友　春节

3 （　）内の語句を使って、文を完成させなさい。

1）A：美优，你什么时候回国？

B：＿＿＿＿＿＿＿＿＿＿＿＿＿＿＿＿＿＿。（就要……了）

2）A：＿＿＿＿＿＿＿＿＿＿＿＿＿＿＿＿＿＿。（快要……了）

B：我们给她买个生日蛋糕吧。

3）A：这个电影真没意思，我都快睡着了。

B：＿＿＿＿＿＿＿＿＿＿＿＿＿＿＿＿＿＿＿＿＿＿＿＿。（可不是）

4）A：这些小吃你都吃过吗？

B：（只吃过饺子）＿＿＿＿＿＿＿＿＿＿＿＿＿＿＿＿＿＿＿＿＿＿。

（除了……，都……）

5）A：除了上海以外，你还去过哪些城市？

B：＿＿＿＿＿＿＿＿＿＿＿＿＿＿＿＿＿＿＿＿＿＿＿＿＿＿＿＿＿＿＿＿＿＿

＿＿＿＿＿＿＿＿＿＿＿＿＿＿＿＿。（除了……，还……）

6）A：这件衣服很漂亮，＿＿＿＿＿＿＿＿＿＿＿＿，就买这件吧。（再说）

B：好，听你的。

7）A：这个周末咱们出去玩儿吧？

B：下周我有考试，＿＿＿＿＿＿＿＿＿＿＿＿＿＿＿＿＿＿，下个周末再去吧。

（再说）

8）A：你学了多长时间汉语了？

B：一年多了，＿＿＿＿＿＿＿＿＿＿＿＿＿＿，我就开始学习汉语了。（从……起）

4 語句を全て使って、本文の会話の内容を文章にまとめなさい。

过得　不知不觉　就要……了　寒假　打算　然后　除了……，都……　建议
既……，又……　其中　早就　千年古都　名胜古迹　小吃　有名
坐高铁　从……起　春运　过年　好买　早点儿
离　请　过春节　重要　传统节日　年夜饭　热情　再说　举办　民俗活动　热闹
期待

ミニコラム
www.中国

A60

年夜饭

年夜饭又叫团圆饭《tuányuánfàn》，是春节习俗《xísú》之一《zhīyī》。一年一次的年夜饭，是一家人最重要的一顿《dùn》晚餐。每家都会摆《bǎi》上平日里很少见的、寓意《yùyì》吉祥《jíxiáng》的菜品，桌子上一般有鸡、鱼、莲藕《lián'ǒu》、汤圆《tāngyuán》等菜品，希望新的一年顺利美满《měimǎn》。

第7课　我有点儿不舒服

（美優さんが張莉さんに電話をかけています。）

B01 张 莉　：喂，美优，怎么 了？
B02 Zhāng Lì：Wèi, Měiyōu, zěnme le?

美优　：张 莉，你 现在 有 空儿 吗？我 有点儿 不 舒服，你 能
Měiyōu：Zhāng Lì, nǐ xiànzài yǒu kòngr ma? Wǒ yǒudiǎnr bù shūfu, nǐ néng

陪 我 去 趟 校 医院 吗？
péi wǒ qù tàng xiào yīyuàn ma?

张 莉　：啊，怎么 回 事？你 还 好 吧。
Ǎ, zěnme huí shì? Nǐ hái hǎo ba.

美优　：可能 感冒 了，头疼，嗓子 也 不 太 舒服。
Kěnéng gǎnmào le, tóuténg, sǎngzi yě bú tài shūfu.

张 莉　：我 现在 去 你 那儿，一会儿 见。
Wǒ xiànzài qù nǐ nàr, yíhuìr jiàn.

美优　：好 的。
Hǎo de.

（病院に行く途中。）

张 莉　：冬天 北京 的 气温 比较 低，而且 也 比较 干燥，很 容易
Dōngtiān Běijīng de qìwēn bǐjiào dī, érqiě yě bǐjiào gānzào, hěn róngyì

感冒。
gǎnmào.

美优　：我 家 在 大阪，冬天 没有 北京 这么 冷。你 是 南方 人，
Wǒ jiā zài Dàbǎn, dōngtiān méiyǒu Běijīng zhème lěng. Nǐ shì nánfāng rén,

习惯 北方 的 冬天 吗？
xíguàn běifāng de dōngtiān ma?

张 莉 ：第 一 年 不 太 习惯，第 二 年 就 习惯 了。由于 有 暖气，
Dì yī nián bú tài xíguàn, dì èr nián jiù xíguàn le. Yóuyú yǒu nuǎnqì,

房间 里 非常 暖和，因此 我 更 喜欢 北方 的 冬天。
fángjiān li fēicháng nuǎnhuo, yīncǐ wǒ gèng xǐhuan běifāng de dōngtiān.

（診察を終え…。）

美优 ：张 莉，谢谢 你。大夫 的 话 虽然 我 没 全 听懂，但是
Zhāng Lì, xièxie nǐ. Dàifu de huà suīrán wǒ méi quán tīngdǒng, dànshì

大概 的 意思 都 明白 了。
dàgài de yìsi dōu míngbai le.

张 莉 ：放心 吧，大夫 说 你 的 病 不要紧，按时 吃 药，多 喝 水。
Fàngxīn ba, dàifu shuō nǐ de bìng búyàojǐn, ànshí chī yào, duō hē shuǐ.

美优　：嗯，我 记住 了。
Ǹg, wǒ jìzhù le.

张 莉　：对了，跟 老师 请 个 假，明天 别 去 上课 了。
Duìle, gēn lǎoshī qǐng ge jià, míngtiān bié qù shàngkè le.

美优　：那 怎么 行？我 从来 没有 缺过 课。
Nà zěnme xíng? Wǒ cónglái méiyǒu quēguo kè.

张 莉　：既然 生病 了，就 好好儿 休息 吧。
Jìrán shēngbìng le, jiù hǎohāor xiūxi ba.

美优　：马上 就要 期末 考试 了，这 几 天 的 课 都 很 重要。
Mǎshàng jiùyào qīmò kǎoshì le, zhè jǐ tiān de kè dōu hěn zhòngyào.

张 莉　：那 你 多 注意 点儿。
Nà nǐ duō zhùyì diǎnr.

新出語句

B03

1) 空儿 kòngr 名
2) 陪 péi 動
3) 头疼 tóuténg 形
4) 嗓子 sǎngzi 名
5) 气温 qìwēn 名
6) 干燥 gānzào 形
7) 大阪 Dàbǎn 固名
8) 南方 nánfāng 名
9) 北方 běifāng 名
10) 暖气 nuǎnqì 名
11) 大夫 dàifu 名
12) 全 quán 副
13) 不要紧 búyàojǐn 形
14) 按时 ànshí 副
15) 记住 jìzhù
16) 请假 qǐngjià 動
17) 怎么行 zěnme xíng
18) 缺 quē 動
19) 期末 qīmò 名

文法ポイント

1 A没有B这么…… | AはBほど…ではない

比較文の否定。ある性質・状態について二者の程度を比較して述べる。述語に用いる形容詞は一般に文脈において肯定的な意味を表すもので、“他的房间没有我的小。”（彼の部屋は私の部屋ほど小さくない）のような文は言えない。形容詞の前に、Bが目の前にある場合“这么”、ない場合“那么”をつけてもよい。

B04
1）我的口语没有你这么流利。 Wǒ de kǒuyǔ méiyǒu nǐ zhème liúlì.
2）用现金支付没有刷卡方便。 Yòng xiànjīn zhīfù méiyǒu shuākǎ fāngbiàn.
3）平时公园里的人没有周末那么多。 Píngshí gōngyuán li de rén méiyǒu zhōumò nàme duō.

2 由于……，因此…… | …であるため、それで…

接続詞“由于”は原因を、“因此”は結果を表す。“因此”は“所以／因而”でもよい。

B05
1）由于中国经济发展很快，因此学汉语的人越来越多。 Yóuyú Zhōngguó jīngjì fāzhǎn hěn kuài, yīncǐ xué Hànyǔ de rén yuèláiyuè duō.
2）由于下大雪，所以飞机晚点了。 Yóuyú xià dà xuě, suǒyǐ fēijī wǎndiǎn le.
3）由于网购又方便又便宜，因而受到了人们的欢迎。 Yóuyú wǎnggòu yòu fāngbiàn yòu piányi, yīn'ér shòudàole rénmen de huānyíng.

3 虽然……，但是…… | …ではあるが、しかし…

接続詞“虽然”は逆接を表す。主語の前にも後にも置ける。後節は、“但是”で呼応し、前節と相反することを述べたり、前節で述べたことを制限したり補ったりすることを述べる。“但是”は“但／可是／可”でもよい。

B06
1）虽然汉语很难，但是很有意思。 Suīrán Hànyǔ hěn nán, dànshì hěn yǒu yìsi.
2）虽然我很想跟你们去上海，可是最近实在太忙了。 Suīrán wǒ hěn xiǎng gēn nǐmen qù Shànghǎi, kěshì zuìjìn shízài tài máng le.
3）虽然外卖很方便，但吃多了对身体不好。 Suīrán wàimài hěn fāngbiàn, dàn chīduōle duì shēntǐ bù hǎo.
4）虽然我是四川人，可我不太能吃辣的。 Suīrán wǒ shì Sìchuānrén, kě wǒ bú tài néng chī là de.

4　从来　｜　副　これまで

過去から現在までずっとそうであったことを表し、主に否定文に用いる。

B07

1）老王从来不抽烟、不喝酒。
Lǎo Wáng cónglái bù chōu yān、bù hē jiǔ.

2）我从来没看过京剧，有机会的话一定去看看。
Wǒ cónglái méi kànguo Jīngjù, yǒu jīhuì dehuà yídìng qù kànkan.

3）我以前虽然在北京上大学，可是从来没去过颐和园。
Wǒ yǐqián suīrán zài Běijīng shàng dàxué, kěshì cónglái méi qùguo Yíhéyuán.

5　既然……，就……　｜　…であるからには、…

接続詞“既然”はすでに現実となった、あるいは肯定された前提を示す。主語の前にも後にも置ける。後節は、“就”で呼応することが多く、結論を示す。

B08

1）你既然那么喜欢他，就应该跟他结婚。
Nǐ jìrán nàme xǐhuan tā, jiù yīnggāi gēn tā jiéhūn.

2）既然下周有考试，周末就别出去玩儿了。
Jìrán xià zhōu yǒu kǎoshì, zhōumò jiù bié chūqu wánr le.

3）既然你不习惯北方的天气，那就去南方留学吧。
Jìrán nǐ bù xíguàn běifāng de tiānqì, nà jiù qù nánfāng liúxué ba.

ドリル

1 空欄に合う語句をA－Fから選んで書きなさい。

A 按时　B 缺　C 陪　D 全　E 记住　F 请假

1）今天的会很重要，请大家一定要＿＿＿＿参加。

2）这些房间＿＿＿＿都要打扫干净。

3）你刚工作，挣的不多，要是＿＿＿＿钱了，就跟我说。

4）这个电话号码很重要，你一定要＿＿＿＿。

5）明天我休息，要＿＿＿＿妈妈去逛逛王府井。

6）我家里有点儿急事，下午想＿＿＿＿回去一趟。

2 語句を並び替えて、意味の通る文にしなさい。

1）老师　上课　向　有事　不能　要　请假

＿＿＿＿＿＿＿＿＿＿＿＿＿＿＿＿

2）椅子　全　房间里　把　搬到　这些　都

＿＿＿＿＿＿＿＿＿＿＿＿＿＿＿＿

3）去　方便　没有　骑车　那么　坐车

＿＿＿＿＿＿＿＿＿＿＿＿＿＿＿＿

4）一次　从来　他　缺过　没有　课

＿＿＿＿＿＿＿＿＿＿＿＿＿＿＿＿

5）开始　了　考试　就要　期末　马上

＿＿＿＿＿＿＿＿＿＿＿＿＿＿＿＿

③（　）内の語句を使って、文を完成させなさい。

1）A：我们买红的还是白的？

B：________________，还是买白的吧。（A 没有 B……）

2）A：听力和口语比起来，哪个难？

B：我觉得________________。（A 没有 B……）

3）A：你怎么天天去打工？

B：________________________________

________。（由于……，因此／所以……）

4）A：麻婆豆腐有点儿辣，你喜欢吃吗？

B：________________________________

________。（虽然……，但是……）

5）A：她才学了几个月汉语，可是进步很快。

B：是啊，________________________________。

（虽然……，但是……）

6）A：这件衣服挺好看的，就是太贵了。

B：________________________。（既然……，就……）

7）A：阴天了，可能要下雨，我们还去公园吗？

B：________________________________。

（既然……，就……）

8）A：暑假我们一起去上海旅行吧？

B：好啊，我________________________。（从来）

4 語句を全て使って、本文の会話の内容を文章にまとめなさい。

舒服　感冒　头疼　嗓子　陪……看病

气温　干燥　容易　大阪　……没有……这么……　南方　第一年　习惯　第二年

由于　暖气　暖和　因此

大夫　不要紧　按时　喝水　让　跟　请个假　别……了　既然……，就……　同意

从来　缺　期末　重要　注意

ミニコラム
www.中国

B09

喝热水

中国人都喜欢喝热水，因为人们觉得热水比凉水更卫生《wèishēng》，更有利于《lìyú》健康。特别是运动、出汗《hàn》后，喝点儿热水，比喝凉水更舒服，体温下降《xiàjiàng》得更快。

很多留学生来了中国，也爱上了喝热水。他们觉得“喝热水以后，好像会舒服很多。”

第8课 我特别喜欢中国文化

（美優さんは学内の宅配便サービスセンターに小包を受け取りに来て、趙剛さんに会いました。）

B10 美优 ：真 巧，你 也 来 取 快递 啊。
B11 Měiyōu ：Zhēn qiǎo, nǐ yě lái qǔ kuàidì a.

赵刚 ：是 啊。你 的 东西 重 吗？我 帮 你 拿 吧。
Zhào Gāng：Shì a. Nǐ de dōngxi zhòng ma? Wǒ bāng nǐ ná ba.

美优 ：没事儿，就 是 几 本 中国 文化 方面 的 书。
Méishìr, jiù shì jǐ běn Zhōngguó wénhuà fāngmiàn de shū.

赵刚 ：看 样子 你 对 中国 文化 很 感 兴趣 啊。
Kàn yàngzi nǐ duì Zhōngguó wénhuà hěn gǎn xìngqù a.

美优 ：我 特别 喜欢 中国 文化，这 也 是 我 学习 中文 的 原因 之一。
Wǒ tèbié xǐhuan Zhōngguó wénhuà, zhè yě shì wǒ xuéxí Zhōngwén de yuányīn zhīyī.

赵刚 ：那 你 将来 想 从事 跟 汉语 有关 的 工作 吗？
Nà nǐ jiānglái xiǎng cóngshì gēn Hànyǔ yǒuguān de gōngzuò ma?

美优 ：我 想 当 老师，在 高中 教 汉语。
Wǒ xiǎng dāng lǎoshī, zài gāozhōng jiāo Hànyǔ.

赵刚 ：我 觉得 你 的 性格 很 适合 当 老师。
Wǒ juéde nǐ de xìnggé hěn shìhé dāng lǎoshī.

美优 ：你 真 会 说话。对了，听说 你 是 北京人。
Nǐ zhēn huì shuōhuà. Duìle, tīngshuō nǐ shì Běijīngrén.

赵刚 ：没 错儿，我们 家 从 我 爷爷 的 爷爷 开始，就 住在
Méi cuòr, wǒmen jiā cóng wǒ yéye de yéye kāishǐ, jiù zhùzài

北京了。
Běijīng le.

美优：我对北京的历史和文化也非常有兴趣，尤其是
Wǒ duì Běijīng de lìshǐ hé wénhuà yě fēicháng yǒu xìngqù, yóuqí shì

北京的名胜古迹，特别吸引我。
Běijīng de míngshèng gǔjì, tèbié xīyǐn wǒ.

赵刚：胡同和四合院去过吗？
Hútòng hé sìhéyuàn qùguo ma?

美优：去过。上周我和同学去了五道营和后海，很好玩儿，
Qùguo. Shàng zhōu wǒ hé tóngxué qùle Wǔdàoyíng hé Hòuhǎi, hěn hǎowánr,

不过人太多了。
búguò rén tài duō le.

赵刚　：那 是 旅游 景点，人 当然 多 了。我 知道 另外 一 个
Nà shì lǚyóu jǐngdiǎn, rén dāngrán duō le. Wǒ zhīdào lìngwài yí ge

地方，连 有的 北京人 都 没 去过，更 不用 说 外国人
dìfang, lián yǒude Běijīngrén dōu méi qùguo, gèng búyòng shuō wàiguórén

了。想 不 想 去？
le. Xiǎng bu xiǎng qù?

美优　：想 啊。我 可以 叫 我 的 同学 一起 去 吗？
Xiǎng a. Wǒ kěyǐ jiào wǒ de tóngxué yìqǐ qù ma?

赵刚　：没 问题，到了 那儿 我 请 你们 吃 糖葫芦。
Méi wèntí, dàole nàr wǒ qǐng nǐmen chī tánghúlu.

新出語句

B12

1）巧	qiǎo	形	
2）取	qǔ	動	
3）快递	kuàidì	名	
4）方面	fāngmiàn	名	
5）原因	yuányīn	名	
6）将来	jiānglái	名	
7）从事	cóngshì	動	
8）有关	yǒuguān	動	
9）性格	xìnggé	名	
10）适合	shìhé	動	
11）没错儿	méi cuòr		
12）吸引	xīyǐn	動	
13）胡同	hútòng	名	
14）四合院	sìhéyuàn	名	
15）五道营	Wǔdàoyíng	固名	
16）后海	Hòuhǎi	固名	
17）景点	jǐngdiǎn	名	
18）另外	lìngwài	代	
19）叫	jiào	動	
20）糖葫芦	tánghúlu	名	

文法ポイント

1　看样子　どうやら／見たところ…ようだ

見た感じや知っている状況に基づく推測を表す。

B13
1）打雷了，看样子要下雨。　Dǎléi le, kàn yàngzi yào xià yǔ.

2）看样子王老师很年轻，大概三十来岁吧。　Kàn yàngzi Wáng lǎoshī hěn niánqīng, dàgài sānshí lái suì ba.

3）他的房间整整齐齐的，看样子他是一个非常爱干净的人。　Tā de fángjiān zhěngzhěngqíqí de, kàn yàngzi tā shì yí ge fēicháng ài gānjìng de rén.

4）都这么晚了，他还没来，看样子不会来了。　Dōu zhème wǎn le, tā hái méi lái, kàn yàngzi bú huì lái le.

2　对……感／有兴趣　…に興味がある

人や事物に対し興味のある態度や気持ちを表す。

B14
1）从高中开始，美优就对汉语很感兴趣。　Cóng gāozhōng kāishǐ, Měiyōu jiù duì Hànyǔ hěn gǎn xìngqù.

2）除了太极拳，他对书法也很有兴趣。　Chúle tàijíquán, tā duì shūfǎ yě hěn yǒu xìngqù.

3）男孩子一般对逛街不感兴趣。　Nánháizi yìbān duì guàng jiē bù gǎn xìngqù.

4）孩子对学习没有兴趣，父母非常发愁。　Háizi duì xuéxí méiyǒu xìngqù, fùmǔ fēicháng fāchóu.

3　……是……之一　…は…の一つである

ある人や事物がいくつかの中の一つであることを表す。

B15
1）春节是中国重要的传统节日之一。　Chūnjié shì Zhōngguó zhòngyào de chuántǒng jiérì zhīyī.

2）万里长城是中国著名的旅游景点之一。　Wànlǐ Chángchéng shì Zhōngguó zhùmíng de lǚyóu jǐngdiǎn zhīyī.

3）张莉是我们班学习最努力的学生之一。　Zhāng Lì shì wǒmen bān xuéxí zuì nǔlì de xuéshēng zhīyī.

4 尤其 副 とりわけ

全体や他の人や事物と比べた時、特別突出していることを表す。

B16
1）她最大的爱好是看电视剧，尤其是爱情剧。 Tā zuì dà de àihào shì kàn diànshìjù, yóuqí shì àiqíng jù.

2）来中国以后他的汉语水平提高很快，口语的进步尤其大。 Lái Zhōngguó yǐhòu tā de Hànyǔ shuǐpíng tígāo hěn kuài, kǒuyǔ de jìnbù yóuqí dà.

3）现在人们都喜欢无现金支付，尤其是用手机支付，又快又方便。 Xiànzài rénmen dōu xǐhuan wú xiànjīn zhīfù, yóuqí shì yòng shǒujī zhīfù, yòu kuài yòu fāngbiàn.

5 连 A 都没……，更不用说 B 了 A すら…なかった、B ならなおさらである

強調を表す。"都" は "也" でもよい。A が基準や程度に達していないのに、B はなおさら達していないことを表す。

B17
1）我刚工作，连车都没有，更不用说房子了。 Wǒ gāng gōngzuò, lián chē dōu méiyǒu, gèng búyòng shuō fángzi le.

2）爷爷连手机都不太会用，更不用说微信了。 Yéye lián shǒujī dōu bú tài huì yòng, gèng búyòng shuō wēixìn le.

3）这么难的问题，连大人也不知道，更不用说十岁的孩子了。 Zhème nán de wèntí, lián dàrén yě bù zhīdào, gèng búyòng shuō shí suì de háizi le.

ドリル

1 空欄に合う語句をA－Fから選んで書きなさい。

A 从事　B 原因　C 适合　D 吸引　E 将来　F 另外

1）我建议你选这个专业，＿＿＿＿＿＿好找工作。

2）这种颜色的衣服比较＿＿＿＿＿＿中老年人。

3）他是著名的翻译家，＿＿＿＿＿＿翻译工作几十年了。

4）由于天气＿＿＿＿＿＿，我坐的航班要推迟起飞。

5）日汉词典一本在办公室，＿＿＿＿＿＿一本小王借走了。

6）张老师的课特别＿＿＿＿＿＿人，不知不觉一节课就过去了。

2 語句を並び替えて、意味の通る文にしなさい。

1）哪　将来　想　的　工作　你　方面　从事

2）历史　电影　中国　有关　跟　这个

3）方面　都　好书　中国文化　是　的　这些

4）世界　的　是　西安　之一　八大　兵马俑　奇迹

5）取　都　了　帮　我　快递　把　回来　你

3 （　）内の語句を使って、文を完成させなさい。

1）A：我们等了二十分钟了，他怎么还不来？

B：我们走吧，____。

（看样子）

2）A：这些都是中国历史方面的书，我刚买的。

B：____。（看样子）

3）A：你每天都看中国的电视剧吗？

B：是的，____。

（对……有／感兴趣）

4）A：周末咱们去唱卡拉 OK 吧？

B：________________________，还是去看电影吧。（对……有／感兴趣）

5）A：我们班每次考试美优都是第一名。

B：对，她是____。（之一）

6）A：晚上咱们去吃中国菜吧。

B：好啊，我最喜欢吃中国菜，________________________。（尤其）

7）A：你去过上海吗？

B：（没有去过中国）____

________。（连……都没……，更不用说……了）

8）A：你什么时候结婚啊？

B：（没有女朋友）____

________。（连……都……，更不用说……了）

4 語句を全て使って、本文の会話の内容を文章にまとめなさい。

取　快递　买了　中国文化　方面　原因　之一　将来　从事　跟……有关　当　教
对……有兴趣　尤其　吸引　五道营和后海　好玩儿　不过　给……介绍　另外
连……都……，更不用说……　叫　糖葫芦

ミニコラム
www.中国

B18

快递

现在中国的快递服务每年能递送一百多亿《yì》件包裹《bāoguǒ》，成为世界上数一数二的快递市场。大多数包裹里装着网上购买的物品。中国有不少特殊《tèshū》购物日，比如“双十一”、“618”购物狂欢《kuánghuān》节，人们从网上购买商品的成交额《chéngjiāo'é》能达到几千亿。因此，快递业在中国迅速《xùnsù》发展就不足为奇《bùzúwéiqí》了。

第 9 课　以后我不熬夜了

（美優さんと張莉さんは一緒に勉強しています。）

B19 张 莉　：美优，你 的 脸色 不 太 好，是 不 是 病 了？
B20 Zhāng Lì：Měiyōu, nǐ de liǎnsè bú tài hǎo, shì bu shì bìng le?

美优　：不 是，昨天 晚上 睡 得 太 晚 了。
Měiyōu：Bú shì, zuótiān wǎnshang shuì de tài wǎn le.

张 莉　：你 干 什么 了？
Nǐ gàn shénme le?

美优　：昨天 做完 作业，先 跟 妈妈、姐姐 聊了 很 久，然后 看
Zuótiān zuòwán zuòyè, xiān gēn māma、jiějie liáole hěn jiǔ, ránhòu kàn

手机 上 的 视频，越 看 越 上瘾，就 忘了 时间。
shǒujī shang de shìpín, yuè kàn yuè shàngyǐn, jiù wàngle shíjiān.

张 莉　：你 也 是 夜猫子 啊。我 追 剧 的 时候 也 跟 你 一样。
Nǐ yě shì yèmāozi a. Wǒ zhuī jù de shíhou yě gēn nǐ yíyàng.

手机 和 电脑 一方面 使 我们 的 生活 发生了 很 大 的
Shǒujī hé diànnǎo yìfāngmiàn shǐ wǒmen de shēnghuó fāshēngle hěn dà de

变化，另 一方面 也 给 我们 的 身体 健康 带来了 不 少
biànhuà, lìng yìfāngmiàn yě gěi wǒmen de shēntǐ jiànkāng dàilaile bù shǎo

问题。
wèntí.

美优　：可不是 吗，以后 我 不 熬夜 了。
Kěbushì ma, yǐhòu wǒ bù áoyè le.

张 莉　：要不 今天 我们 不 学习 了，你 回 宿舍 休息 吧。
Yàobù jīntiān wǒmen bù xuéxí le, nǐ huí sùshè xiūxi ba.

美优：不要紧。在 日本，有时候 打工 回来 还 要 写 作业，也 睡
Búyàojǐn. Zài Rìběn, yǒushíhou dǎgōng huílai hái yào xiě zuòyè, yě shuì

得 很 晚。
de hěn wǎn.

张莉：我 挺 佩服 日本 的 大学生，一边 上课 一边 打工。
Wǒ tǐng pèifú Rìběn de dàxuéshēng, yìbiān shàngkè yìbiān dǎgōng.

美优：这样 妈妈 可以 少 给 我 一些 零花 钱。记得 大 一 的
Zhèyàng māma kěyǐ shǎo gěi wǒ yìxiē línghuā qián. Jìde dà yī de

暑假，我 用 打工 挣 的 钱，跟 朋友 一起 去 上海
shǔjià, wǒ yòng dǎgōng zhèng de qián, gēn péngyou yìqǐ qù Shànghǎi

旅行，玩儿 得 特别 开心。
lǚxíng, wánr de tèbié kāixīn.

张 莉　：我 也 跟 家里 人 说过，我 去 日本 留学 的 时候 也 要
Wǒ yě gēn jiāli rén shuōguo, wǒ qù Rìběn liúxué de shíhou yě yào

去 打工，可是 我 爸爸 妈妈 都 不 同意。
qù dǎgōng, kěshì wǒ bàba māma dōu bù tóngyì.

美优　：打工 的 目的 不是 挣 钱，而是 锻炼 自己。
Dǎgōng de mùdì búshì zhèng qián, érshì duànliàn zìjǐ.

张 莉　：我 也 这样 认为。美优，你 的 汉语 越来越 厉害 了。
Wǒ yě zhèyàng rènwéi. Měiyōu, nǐ de Hànyǔ yuèláiyuè lìhai le.

美优　：哪里 哪里，过奖 了。
Nǎlǐ nǎlǐ, guòjiǎng le.

新出語句

B21

1）熬夜　áoyè　動
2）脸色　liǎnsè　名
3）干　gàn　動
4）视频　shìpín　名
5）上瘾　shàngyǐn　動
6）夜猫子　yèmāozi　名
7）发生　fāshēng　動
8）佩服　pèifú　動
9）零花钱　línghuā qián
10）记得　jìde　動
11）大一　dà yī
12）暑假　shǔjià　名
13）目的　mùdì　名
14）挣　zhèng　動
15）开心　kāixīn　形
16）同意　tóngyì　動
17）锻炼　duànliàn　動
18）认为　rènwéi　動
19）厉害　lìhai　形
20）过奖　guòjiǎng　動

文法ポイント

1 （首）先……，然后……　まず…、それから…

一つの事柄が終わって、続けて別の事柄が始まることを表す。接続詞“然后”は“接着”（続いて）でもよい。さらに続ける場合、次の節の初めに“最后”をつけることもある。

B22
1）回家以后，妻子先收拾房间，接着开始做饭。
Huí jiā yǐhòu, qīzi xiān shōushi fángjiān, jiēzhe kāishǐ zuò fàn.

2）我们先复习第五课，然后学习新课，最后做练习。
Wǒmen xiān fùxí dì wǔ kè, ránhòu xuéxí xīn kè, zuìhòu zuò liànxí.

3）今天我首先带大家参观兵马俑，然后看演出，最后品尝西安特色小吃。
Jīntiān wǒ shǒuxiān dài dàjiā cānguān Bīngmǎyǒng, ránhòu kàn yǎnchū, zuìhòu pǐncháng Xī'ān tèsè xiǎochī.

2 A 使 B……　A は B を…させる

使役文。“使”は“叫／让”でもよい。人が人に動作・行為をさせることだけでなく、“使／叫／让”の前で述べられたことが原因となって、後で述べられた状況を引き起こすことを表す。

B23
1）小王的工作能力使我很佩服。
Xiǎo Wáng de gōngzuò nénglì shǐ wǒ hěn pèifú.

2）这个电影使我想起了小时候的生活。
Zhège diànyǐng shǐ wǒ xiǎngqǐle xiǎoshíhou de shēnghuó.

3）她的做法叫同事们很生气。
Tā de zuòfǎ jiào tóngshì men hěn shēngqì.

4）这件事让每个人都很感动。
Zhè jiàn shì ràng měi ge rén dōu hěn gǎndòng.

3 一方面……，另一方面…… | 一方では…、もう一方では…

関連する二つの事柄・状況を並列させる。

B24

1）她最近特别忙，一方面要办理出国手续，另一方面还要跟国外的大学联系。
Tā zuìjìn tèbié máng, yìfāngmiàn yào bànlǐ chūguó shǒuxù, lìng yìfāngmiàn hái yào gēn guówài de dàxué liánxì.

2）四年级的大学生，一方面要准备毕业论文，另一方面还要忙着找工作。
Sì niánjí de dàxuéshēng, yìfāngmiàn yào zhǔnbèi bìyè lùnwén, lìng yìfāngmiàn hái yào mángzhe zhǎo gōngzuò.

3）汽车一方面让我们的生活变得快捷、舒适，另一方面也造成了交通堵塞和空气污染。
Qìchē yìfāngmiàn ràng wǒmen de shēnghuó biàn de kuàijié、shūshì, lìng yìfāngmiàn yě zàochéngle jiāotōng dǔsè hé kōngqì wūrǎn.

4 要不 | [接] そうでなければ　あるいは

前で示していることとどちらかであることを表す。相談の場面でよく用いる。“要不然／不然”でもよい。後に“就”を伴うこともある。

B25

1）今天我还有事，要不我们明天再商量吧。
Jīntiān wǒ hái yǒu shì, yàobù wǒmen míngtiān zài shāngliang ba.

2）我看你脸色不太好，要不然就让小张去吧。
Wǒ kàn nǐ liǎnsè bú tài hǎo, yàoburán jiù ràng Xiǎo Zhāng qù ba.

3）今天我不想做饭，咱们出去吃吧，不然就叫外卖。
Jīntiān wǒ bù xiǎng zuò fàn, zánmen chūqu chī ba, bùrán jiù jiào wàimài.

5 ……不是A，而是B | …はAではなく、Bである

ある話題について、Aを否定し、Bを肯定する。

B26

1）我来中国不是旅行，而是想在中国学习。
Wǒ lái Zhōngguó búshì lǚxíng, érshì xiǎng zài Zhōngguó xuéxí.

2）这个女孩子不是因为钱和他在一起，而是真的喜欢他这个人。
Zhège nǚháizi búshì yīnwèi qián hé tā zài yìqǐ, érshì zhēn de xǐhuan tā zhège rén.

3）他读这个专业不是因为喜欢，而是将来好找工作。
Tā dú zhège zhuānyè búshì yīnwèi xǐhuan, érshì jiānglái hǎo zhǎo gōngzuò.

ドリル

1 空欄に合う語句をA－Fから選んで書きなさい。

A 佩服　B 认为　C 锻炼　D 发生　E 上瘾　F 同意

1）他玩儿手机游戏＿＿＿＿＿＿，常常玩儿到半夜。

2）你的建议非常合理，大家一定都会＿＿＿＿＿＿。

3）＿＿＿＿＿＿身体不能“三天打鱼，两天晒网”。

4）他一天能记五十个生词，大家都很＿＿＿＿＿＿。

5）我＿＿＿＿＿＿要学好汉语，学习方法非常重要。

6）昨天上午这里＿＿＿＿＿＿了一起严重的交通事故。

2 語句を並び替えて、意味の通る文にしなさい。

1）老师　成绩　吃惊　他　使　很　考试　的

＿＿＿＿＿＿＿＿＿＿＿＿＿＿＿＿＿＿＿＿＿＿＿＿

2）人　会　甜的　让　东西　开心　吃

＿＿＿＿＿＿＿＿＿＿＿＿＿＿＿＿＿＿＿＿＿＿＿＿

3）这样　也　谁　发生　的　事情　希望　不

＿＿＿＿＿＿＿＿＿＿＿＿＿＿＿＿＿＿＿＿＿＿＿＿

4）不晚　认为　学习　五十岁　我　开始

＿＿＿＿＿＿＿＿＿＿＿＿＿＿＿＿＿＿＿＿＿＿＿＿

5）打工　很多　了　钱　他　暑假　挣

＿＿＿＿＿＿＿＿＿＿＿＿＿＿＿＿＿＿＿＿＿＿＿＿

3 （　）内の語句を使って、文を完成させなさい。

1）A：张莉，我下周就要考试了，今天我们怎么复习？

B：＿＿＿＿＿＿＿＿＿＿＿＿＿＿＿＿＿＿＿＿＿＿＿＿＿＿＿＿＿＿

＿＿＿＿＿。（先……，然后……，最后……）

2）A：累的时候，我喜欢听听音乐，放松一下。

B：我也是，＿＿＿＿＿＿＿＿＿＿＿＿＿＿＿＿。（使）

3）A：你怎么哭了？

B：这个电影拍得太好了，＿＿＿＿＿＿＿＿＿＿。（让）

4）A：我学习也很努力，为什么我的口语没有你好？

B：要想提高口语水平，＿＿＿＿＿＿＿＿＿＿＿＿＿＿＿＿＿＿＿＿

＿＿＿＿＿＿＿＿＿＿＿＿＿＿＿＿＿＿＿＿。（一方面……，另一方面……）

5）A：周六我们一起去看电影吧。

B：周六我得去打工，＿＿＿＿＿＿＿＿＿＿＿＿＿＿＿。（要不）

6）A：明天我们怎么去颐和园？

B：颐和园离这儿不太远，＿＿＿＿＿＿＿＿＿＿＿＿＿＿＿＿。（要不然）

7）A：你学习汉语是因为工作需要还是喜欢汉语？

B：＿＿＿＿＿＿＿＿＿＿＿＿＿＿＿＿＿＿＿＿＿＿＿＿＿＿＿＿＿＿。

（不是……，而是……）

8）A：你常常去旅行，是因为喜欢玩儿吗？

B：＿＿＿＿＿＿＿＿＿＿＿＿＿＿＿＿＿＿＿＿＿＿＿＿＿＿＿＿＿＿

＿＿＿＿＿＿＿＿＿＿＿＿＿＿＿＿＿＿＿＿＿＿＿＿。（不是……，而是……）

4 語句を全て使って、本文の会話の内容を文章にまとめなさい。

脸色　睡得　先　然后　越……越……

追剧　跟……一样　夜猫子　熬夜　一方面使　另一方面

让　不……了　要紧　有时候　打工　佩服　一边……一边……　同意　不是……而是……

ミニコラム
www.中国

B27

低头族《dītóu zú》

低头族是指一些只要是手头没事，就会随时随地《suíshí suídì》长时间低着头看手机或平板《píngbǎn》电脑，上网聊天、发微信、玩儿游戏、刷微博《wēibó》的人。

第10课　回来我们一起吃粽子

（美優さんが食堂に向かっていると、前から張莉さんが走ってきました。）

B28 美优　：张　莉，这么 着急 去 哪儿 啊？
B29 Měiyōu : Zhāng Lì, zhème zháojí qù nǎr a?

张 莉　：我 忘了 带 手机，回 宿舍 取 手机。
Zhāng Lì : Wǒ wàngle dài shǒujī, huí sùshè qǔ shǒujī.

美优　：十二 点 多 了，一起 去 食堂 吃饭 吧。
Shí'èr diǎn duō le, yìqǐ qù shítáng chīfàn ba.

张 莉　：不 了，一会儿 我 要 跟 同学 商量 文化 节 的 事，这 次 舞蹈 节目 由 我 负责。
Bù le, yíhuìr wǒ yào gēn tóngxué shāngliang wénhuà jié de shì, zhè cì wǔdǎo jiémù yóu wǒ fùzé.

美优　：再 忙 也 要 吃饭 啊。
Zài máng yě yào chīfàn a.

张 莉　：没事儿，我 一点儿 也 不 饿。最近 不 知道 为 什么 总是 丢三落四 的。
Méishìr, wǒ yìdiǎnr yě bú è. Zuìjìn bù zhīdào wèi shénme zǒngshì diūsān-làsì de.

美优　：你 平时 做 事 细心 而 认真，可能 是 最近 太 忙 了。
Nǐ píngshí zuò shì xìxīn ér rènzhēn, kěnéng shì zuìjìn tài máng le.

张 莉　：这 段 时间 确实 很 忙，除了 文化 节 的 事，还 要 准备 日语 演讲 比赛。
Zhè duàn shíjiān quèshí hěn máng, chúle wénhuà jié de shì, hái yào zhǔnbèi Rìyǔ yǎnjiǎng bǐsài.

美优　：这个 我 可以 帮忙，我们 一起 练习 吧。
Zhège wǒ kěyǐ bāngmáng, wǒmen yìqǐ liànxí ba.

张莉　：那 先 谢谢 了！不 好意思，这个 周末 我 恐怕 也 没有
Nà xiān xièxie le! Bù hǎoyìsi, zhège zhōumò wǒ kǒngpà yě méiyǒu

时间 跟 你 一起 学习。
shíjiān gēn nǐ yìqǐ xuéxí.

美优　：没 关系，下 周 也 可以。对了，老师 说 下 周五 是 中国
Méi guānxi, xià zhōu yě kěyǐ. Duìle, lǎoshī shuō xià zhōuwǔ shì Zhōngguó

的 端午节，加上 周六 周日 一共 放假 三 天。
de Duānwǔjié, jiāshàng zhōuliù zhōurì yígòng fàngjià sān tiān.

张莉　：我 差点儿 忘 了。你 不 是 想 去 香山 公园 吗？这个
Wǒ chàdiǎnr wàng le. Nǐ bú shì xiǎng qù Xiāngshān gōngyuán ma? Zhège

假期 我们 去 爬 香山 吧。
jiàqī wǒmen qù pá Xiāngshān ba.

美优　：好 啊。
Hǎo a.

张 莉　：我 妈妈 说 要 给 我 寄 粽子，回来 我们 一起 吃 粽子，
Wǒ māma shuō yào gěi wǒ jì zòngzi, huílai wǒmen yìqǐ chī zòngzi,

过 端午节。
guò Duānwǔjié.

美优　：谢谢 你 妈妈，我 又 有 口福 了。
Xièxie nǐ māma, wǒ yòu yǒu kǒufú le.

张 莉　：哎呀，我 得 走 了，快要 来不及 了。
Āiyā, wǒ děi zǒu le, kuàiyào láibují le.

新出語句

B30

1）粽子	zòngzi	名
2）文化节	wénhuà jié	
3）舞蹈	wǔdǎo	名
4）节目	jiémù	名
5）负责	fùzé	動
6）没事儿	méishìr	動
7）饿	è	形
8）总是	zǒngshì	副
9）丢三落四	diūsān-làsì	
10）细心	xìxīn	形
11）确实	quèshí	副
12）演讲	yǎnjiǎng	動
13）比赛	bǐsài	名
14）端午节	Duānwǔjié	固名
15）放假	fàngjià	動
16）香山	Xiāngshān	固名
17）假期	jiàqī	名
18）口福	kǒufú	名
19）哎呀	āiyā	感
20）来不及	láibují	動

文法ポイント

1 由…… | 介 …が …によって …から

動作・行為を請け負う担い手、事物を構成する成分を導いたり、原因、起点を表したりする。

B31
1）去哪几个地方由你决定。 Qù nǎ jǐ ge dìfang yóu nǐ juédìng.
2）今年的奥运会由日本承办。 Jīnnián de Àoyùnhuì yóu Rìběn chéngbàn.
3）这个代表团由二十人组成。 Zhège dàibiǎotuán yóu èrshí rén zǔchéng.
4）他的病是由感冒引起的。 Tā de bìng shì yóu gǎnmào yǐnqǐ de.
5）由北京飞往广州的飞机马上就要起飞了。 Yóu Běijīng fēiwǎng Guǎngzhōu de fēijī mǎshàng jiùyào qǐfēi le.

2 再……也…… | どんなに…でも…

副詞“再”で程度が高まることを表し、“也”以下で、そうであったとしても、結果は変わらないことを表す。

B32
1）再冷我们也要去哈尔滨看冰灯。 Zài lěng wǒmen yě yào qù Hā’ěrbīn kàn bīngdēng.
2）票再贵，我也要去听他的演唱会。 Piào zài guì, wǒ yě yào qù tīng tā de yǎnchànghuì.
3）汉语再难，我也有信心学好。 Hànyǔ zài nán, wǒ yě yǒu xìnxīn xuéhǎo.

3 ……而…… | 接 …くて… …で…

形容詞をつなぎ、並列して互いに意味を補うことを表す。形容詞が二音節の場合は省略できるが、単音節の場合は必ず用いる。書き言葉でよく用いられる。

B33
1）这种苹果大而甜，非常好吃。 Zhè zhǒng píngguǒ dà ér tián, fēicháng hǎochī.
2）昆明四季如春，气候温暖（而）舒适。 Kūnmíng sì jì rú chūn, qìhòu wēnnuǎn (ér) shūshì.
3）那里美丽而独特的自然风光吸引了许许多多中外游客。 Nàli měilì ér dútè de zìrán fēngguāng xīyǐnle xǔxǔ-duōduō zhōngwài yóukè.

4 恐怕 副 おそらく

予測を表す。結果を心配する気持ちを含む。

B34 1) 我感冒很厉害，明天恐怕不能去上课了。 Wǒ gǎnmào hěn lìhai, míngtiān kǒngpà bù néng qù shàngkè le.

2) 我们这样做，恐怕老师不会同意。 Wǒmen zhèyàng zuò, kǒngpà lǎoshī bú huì tóngyì.

3) 小王下班了，他走了恐怕有一刻钟了。 Xiǎo Wáng xiàbān le, tā zǒule kǒngpà yǒu yí kè zhōng le.

5 差点儿 副 危うく もう少しで

起こりそうだった事柄について用いる。

(1) 話し手が実現を望まない事柄の場合、後が肯定形でも否定形でも、幸い起こらずに済んだことを表す。

差点儿迟到 ＝ 差点儿没迟到→遅刻しなかった

差点儿做错 ＝ 差点儿没做错→間違えなかった

B35 1) 今天商店里怎么这么多人？ Jīntiān shāngdiàn li zěnme zhème duō rén?

——差点儿忘了，今天是端午节。 ——Chàdiǎnr wàng le, jīntiān shì Duānwǔjié.

2) 刚才在洗手间，我差点儿摔倒了。 Gāngcái zài xǐshǒujiān, wǒ chàdiǎnr shuāidǎo le.

(2) 話し手が実現を望む事柄の場合、後が肯定形か否定形かよって、意味が異なる。

①否定形の場合、幸いにも実現したことを表す。

差点儿没见着→実際に会えた

差点儿没买到→実際に手に入った

B36 1) 我只考了六十分，差点儿没通过。 Wǒ zhǐ kǎole liùshí fēn, chàdiǎnr méi tōngguò.

2) 今天车坏了，差点儿来不了。 Jīntiān chē huài le, chàdiǎnr láibuliǎo.

②肯定形の場合、残念ながら実現しなかったことを表す。“差点儿”の後に“就”を伴うことが多い。

差点儿就见着了→実際には会えなかった

差点儿就买到了→実際には手に入らなかった

B37 1) 儿子去年高中毕业，差点儿就考上了北京大学，太遗憾了。 Érzi qùnián gāozhōng bìyè, chàdiǎnr jiù kǎoshàngle Běijīng Dàxué, tài yíhàn le.

2) 太可惜了，晚了三分钟，差点儿就赶上火车了。 Tài kěxī le, wǎnle sān fēnzhōng, chàdiǎnr jiù gǎnshàng huǒchē le.

ドリル

1 空欄に合う語句をA－Fから選んで書きなさい。

A 负责　B 确实　C 总是　D 细心　E 放假　F 比赛

1）她是一个很＿＿＿＿的人，从来不丢三落四。

2）我们赶到的时候，＿＿＿＿已经开始十分钟了。

3）欢迎新生的工作主要由学生会的同学＿＿＿＿。

4）端午节你们一般＿＿＿＿几天？

5）找一个既喜欢又和专业有关的工作＿＿＿＿不太容易。

6）每天她＿＿＿＿第一个来教室。

2 語句を並び替えて、意味の通る文にしなさい。

1）摔倒　骑车　我　了　今天　的时候　差点儿

2）讲座　中国　主讲　由　文化　张教授

3）教室　他　东西　总是　忘在　里　把

4）电脑　太久　看　不好　恐怕　眼睛　对

5）也　他　忙　坚持　每天　再　工作　锻炼

3 （　）内の語句を使って、文を完成させなさい。

1) A：这个快递你付钱还是对方付钱？

B：＿＿＿＿＿＿＿＿＿＿。　（由）

2) A：生日晚会上吃的东西你准备还是我准备？

B：＿＿＿＿＿＿＿＿＿＿，你早点儿过来帮忙就行。　（由）

3) A：晚上我不能跟你去看电影，我还有很多工作。

B：＿＿＿＿＿＿＿＿＿＿＿＿＿＿＿＿＿＿＿＿＿＿。　（再……也……）

4) A：大夫，我的病要紧吗？这几天能去上课吗？

B：你的病挺重的，＿＿＿＿＿＿＿＿＿＿＿＿＿＿。　（恐怕）

5) A：我们给她打个电话问问吧？

B：明天再说吧，这么晚了，＿＿＿＿＿＿＿＿＿＿＿＿＿＿＿＿。　（恐怕）

6) A：演唱会的票买到了吗？

B：只有最后几张了，＿＿＿＿＿＿＿＿＿＿＿＿＿＿＿＿＿＿＿＿。　（差点儿）

7) A：我忘了把牛奶放到冰箱里了。牛奶坏了吗？

B：还能喝，不过＿＿＿＿＿＿＿＿＿＿＿＿＿＿＿＿＿＿＿＿。　（差点儿）

4 語句を全て使って、本文の会話の内容を文章にまとめなさい。

遇到　着急　忘　回　取　跟　商量　文化节　由　负责

最近　总是　丢三落四　平时　而　因为　段　除了　演讲　恐怕

端午节　放假　建议　假期　爬香山　回来　过

ミニコラム
www.中国

B38

传统小吃

中国传统饮食文化历史悠久《yōujiǔ》，有很多特色美食小吃。除了春节吃的饺子、年糕，元宵节《Yuánxiāojié》吃的汤圆，中秋节《Zhōngqiūjié》吃的月饼，端午节吃的粽子，其他受到中外朋友喜爱的传统小吃还有：小笼包《xiǎolóngbāo》、生煎包《shēngjiānbāo》、春卷《chūnjuǎn》、烧卖《shāomài》、葱油饼《cōngyóubǐng》、油条《yóutiáo》、豆浆《dòujiāng》、牛肉面、热干面《règānmiàn》等等。

第11课　我们到得太及时了

（美優さんと張莉さんがバス停に到着すると、バスがちょうどやってきました。）

B39 张 莉　：我们 到 得 太 及时 了。车 来 了，上 车 吧。
B40 Zhāng Lì : Wǒmen dào de tài jíshí le. Chē lái le, shàng chē ba.

美优　：坐 这 趟 车 就 能 到 香山 吗？
Měiyōu : Zuò zhè tàng chē jiù néng dào Xiāngshān ma?

张 莉　：对，不过 路上 需要 一 个 多 小时。坐 公共 汽车 慢 是
Duì, búguò lùshang xūyào yí ge duō xiǎoshí. Zuò gōnggòng qìchē màn shì

慢，可是 不用 换 车，坐 地铁 的话 得 换 两 次 车。
màn, kěshì búyòng huàn chē, zuò dìtiě dehuà děi huàn liǎng cì chē.

美优　：没 关系，聊聊 天，看看 外面 的 风景 也 很 有 意思。
Méi guānxi, liáoliao tiān, kànkan wàimian de fēngjǐng yě hěn yǒu yìsi.

（香山公園に着きました。）

张 莉　：昨天 下了 一 场 雨，今天 公园 里 的 空气 真 新鲜！
Zuótiān xiàle yì cháng yǔ, jīntiān gōngyuán li de kōngqì zhēn xīnxiān!

美优　：没 想到 天气 这么 好。我 还 带了 把 伞，怕 万一 下 雨。
Méi xiǎngdào tiānqì zhème hǎo. Wǒ hái dàile bǎ sǎn, pà wànyī xià yǔ.

张 莉　：哎呀，都 怪 我，我 应该 提前 告诉 你 一 声。
Āiyā, dōu guài wǒ, wǒ yīnggāi tíqián gàosu nǐ yì shēng.

美优　：没事儿 的，伞 也 不 重。听说 秋天 香山 的 红叶 特别
Méishìr de, sǎn yě bú zhòng. Tīngshuō qiūtiān Xiāngshān de hóngyè tèbié

漂亮。
piàoliang.

张莉：漂亮 是 漂亮，不过 周末 千万 别 来，山上 全 是 人。
Piàoliang shì piàoliang, búguò zhōumò qiānwàn bié lái, shānshang quán shì rén.

美优：这个 季节 也 很 漂亮。 香山 有 多 高？
Zhège jìjié yě hěn piàoliang. Xiāngshān yǒu duō gāo?

张莉：五百五十 米。我们 爬 上去，然后 坐 缆车 下来，好 吗？
Wǔbǎi wǔshí mǐ. Wǒmen pá shàngqu, ránhòu zuò lǎnchē xiàlai, hǎo ma?

美优：好 的。张 莉，你 经常 出来 玩儿 吗？
Hǎo de. Zhāng Lì, nǐ jīngcháng chūlai wánr ma?

张莉：大 一 的 时候 还 经常 跟 朋友 去 郊游，大 二 学习 忙
Dà yī de shíhou hái jīngcháng gēn péngyou qù jiāoyóu, dà èr xuéxí máng

起来，就 很 少 出来 了。唉，好久 没 运动 了，爬了
qǐlai, jiù hěn shǎo chūlai le. Ài, hǎojiǔ méi yùndòng le, pále

一会儿 就 气喘吁吁 的。
yíhuìr jiù qìchuǎnxūxū de.

美优　：在 学习 的 同时，也 不 能 忘了 锻炼 啊。
Zài xuéxí de tóngshí, yě bù néng wàngle duànliàn a.

张 莉　：你 说 得 有 道理，看 样子 不 锻炼 不 行 啊。美优，你
Nǐ shuō de yǒu dàolǐ, kàn yàngzi bú duànliàn bù xíng a. Měiyōu, nǐ

的 身体 真 棒，我 得 向 你 学习，为了 健康 开始 锻炼。
de shēntǐ zhēn bàng, wǒ děi xiàng nǐ xuéxí, wèile jiànkāng kāishǐ duànliàn.

美优　：明天 我们 一起 跑步 吧。张 莉，加油，坚持 就 是 胜利。
Míngtiān wǒmen yìqǐ pǎobù ba. Zhāng Lì, jiāyóu, jiānchí jiù shì shènglì.

新出語句

B41

1）	及时	jíshí	形
2）	场	cháng	量
3）	新鲜	xīnxiān	形
4）	怕	pà	動
5）	怪	guài	動
6）	提前	tíqián	動
7）	一声	yì shēng	
8）	季节	jìjié	名
9）	缆车	lǎnchē	名
10）	郊游	jiāoyóu	動
11）	气喘吁吁	qìchuǎnxūxū	
12）	同时	tóngshí	名
13）	道理	dàolǐ	名
14）	棒	bàng	形
15）	跑步	pǎobù	動
16）	加油	jiāyóu	動
17）	坚持	jiānchí	動
18）	胜利	shènglì	動

文法ポイント

1 ……是……，可是／不过…… ｜ …は…ではあるが、しかし…

“……是……”の“……”には同じ語句が入る。そこで述べられたことを肯定した後、後節で逆の利点または欠点を述べる。接続詞“可是／不过”は“但是”でもよい。

B42

1）这件衣服便宜是便宜，不过质量不太好。
Zhè jiàn yīfu piányi shì piányi, búguò zhìliàng bú tài hǎo.

2）打车去多快啊！
Dǎchē qù duō kuài a!
——打车去快是快，可是太贵了。
——Dǎchē qù kuài shì kuài, kěshì tài guì le.

3）绿茶好喝是好喝，但是没有花茶香。
Lǜchá hǎohē shì hǎohē, dànshì méiyǒu huāchá xiāng.

2 万一 ｜ 接 万が一　ひょっとして

多く好ましくない事柄について、起こる可能性が極めて低い仮定を表す。

B43

1）万一时间来不及，我们就坐出租车去。
Wànyī shíjiān láibují, wǒmen jiù zuò chūzūchē qù.

2）我们早点儿出发吧，万一路上堵车怎么办？
Wǒmen zǎo diǎnr chūfā ba, wànyī lùshang dǔchē zěnme bàn?

3）你去找他最好先打个电话，万一他不在房间呢。
Nǐ qù zhǎo tā zuìhǎo xiān dǎ ge diànhuà, wànyī tā bú zài fángjiān ne.

4）上课的时候，你为什么很少发言？
Shàngkè de shíhou, nǐ wèi shénme hěn shǎo fāyán?
——我的汉语不好，万一说错了，多不好意思。
——Wǒ de Hànyǔ bù hǎo, wànyī shuōcuò le, duō bù hǎoyìsi.

3 千万 ｜ 副 くれぐれも　決して

命令文で強調を表す。

B44

1）一个人在国外，千万要注意安全。
Yí ge rén zài guówài, qiānwàn yào zhùyì ānquán.

2）办手续的时候，千万别忘了带护照。
Bàn shǒuxù de shíhou, qiānwàn bié wàngle dài hùzhào.

3）这些都是我应该做的，您千万别客气。
Zhèxiē dōu shì wǒ yīnggāi zuò de, nín qiānwàn bié kèqi.

4　不……不……　…しないと…ない→必ず…する

二重否定で、肯定の意味を強める。ほかにも、“没有……不……”（…ない…はない→みな必ず…する）、“不是没有……”（…がないのではない→…はある）の形がよく用いられる。

B45
1）这么重要的会你不能不参加。
Zhème zhòngyào de huì nǐ bù néng bù cānjiā.

2）这件事他不会不知道。
Zhè jiàn shì tā bú huì bù zhīdào.

3）没有人不想去长城看看。
Méiyǒu rén bù xiǎng qù Chángchéng kànkan.

4）我不是没有时间，只是不想去。
Wǒ bú shì méiyǒu shíjiān, zhǐshì bù xiǎng qù.

5　为了……　介 …のために

目的や原因を表す。そのために行う動作・行為を述べるのに、“而”をはさむことも多い。

B46
1）十年前，他为了兴趣开始学习汉语。
Shí nián qián, tā wèile xìngqù kāishǐ xuéxí Hànyǔ.

2）为了减肥而不吃晚饭，这样对身体不好。
Wèile jiǎnféi ér bù chī wǎnfàn, zhèyàng duì shēntǐ bù hǎo.

3）你不能为了钱而跟一个不喜欢的人结婚。
Nǐ bù néng wèile qián ér gēn yí ge bù xǐhuan de rén jiéhūn.

ドリル

1 空欄に合う語句をA－Fから選んで書きなさい。

A 同时　　B 新鲜　　C 怕　　D 及时　　E 坚持　　F 提前

1) 我＿＿＿＿＿迟到，不到六点就起床了。

2) 这些水果是刚摘的，又＿＿＿＿＿又好吃。

3) 你最好＿＿＿＿＿打个电话，跟她约一下见面的时间。

4) 早睡早起这个习惯，老王＿＿＿＿＿了几十年了。

5) 最近我要准备毕业论文，＿＿＿＿＿还要找工作，忙死了。

6) 在大家的帮助下，病人被＿＿＿＿＿地送到了医院。

2 語句を並び替えて、意味の通る文にしなさい。

1) 不　考试　知道　他　不　会　时间　吧

2) 他　通知　别　你　千万　这件事　忘了

3) 就　万一　我们　去　下雨　再　下周

4) 开始　五分钟　能　会议　提前　吗

5) 知道　人　没有　不　这件事

3 （　）内の語句を使って、文を完成させなさい。

1）A：汉语难吗？

B：＿＿＿＿＿＿＿＿＿＿＿＿＿＿＿＿＿＿＿＿。

（……是……，不过／可是／但是……）

2）A：这些水果打折，很便宜。

B：＿＿＿＿＿＿＿＿＿＿＿＿＿＿＿＿＿＿＿＿＿＿＿。

（……是……，不过／可是／但是……）

3）A：要是高铁票买不到，可以坐飞机去吗？

B：行啊，＿＿＿＿＿＿＿＿＿＿＿＿＿＿＿＿，我们就坐飞机去。（万一）

4）A：明天的考试很重要，＿＿＿＿＿＿＿＿＿＿＿＿＿＿。（千万）

B：好的，我记住了。

5）A：谢谢你帮了我这么大的忙。

B：我们是朋友，应该互相帮助，＿＿＿＿＿＿＿＿＿＿＿＿＿。（千万）

6）A：你病了，明天别去上课了。

B：明天的课很重要，＿＿＿＿＿＿＿＿＿＿＿。（不……不……）

7）A：听说你不想跟我们去旅行？

B：＿＿＿＿＿＿＿＿＿＿＿＿＿，只是最近实在太忙了。（不……不……）

8）A：你喜欢大熊猫吗？

B：当然，大熊猫那么可爱，＿＿＿＿＿＿＿＿＿＿＿＿＿。（没有……不……）

④ 語句を全て使って、本文の会話の内容を文章にまとめなさい。

坐　去香山　不过　需要　……是……，可是……　得换

一场　空气　新鲜　高　爬上去　坐缆车　大一　郊游　忙起来　好久　气喘吁吁

同时　锻炼　认为　有道理　不……不……　棒　向……学习　为了

ミニコラム
www.中国

B47

公园晨练《chénliàn》

在中国，很多人早上起床后，喜欢到公园里锻炼身体。跑步、打球、打太极拳、跳舞、踢毽子《jiànzi》，做什么的都有，公园里非常热闹。

第12课 没想到你的爱好这么多

（美優さんと張莉さんはカフェでおしゃべりしています。）

B48 B49

张 莉 ：美优，没 想到 你 的 爱好 这么 多，会 弹 钢琴，爱 唱
Zhāng Lì : Měiyōu, méi xiǎngdào nǐ de àihào zhème duō, huì tán gāngqín, ài chàng

歌，还 喜欢 运动。
gē, hái xǐhuan yùndòng.

美优 ：你 也 很 厉害 啊。我 看了 你们 文化 节 的 演出，特别
Měiyōu : Nǐ yě hěn lìhai a. Wǒ kànle nǐmen wénhuà jié de yǎnchū, tèbié

棒。
bàng.

张 莉 ：我 跳舞 还 马马虎虎，别的 不 行。
Wǒ tiàowǔ hái mǎmǎhūhū, biéde bù xíng.

美优 ：昨天 上课 的 时候 我们 讨论了 教育 方面 的 话题，现在
Zuótiān shàngkè de shíhou wǒmen tǎolùnle jiàoyù fāngmiàn de huàtí, xiànzài

中国 的 家长 非常 注重 培养 孩子 的 兴趣 爱好。
Zhōngguó de jiāzhǎng fēicháng zhùzhòng péiyǎng háizi de xìngqù àihào.

对于 这个 问题，你 有 什么 看法？
Duìyú zhège wèntí, nǐ yǒu shénme kànfǎ?

张 莉 ：每 个 家长 都 希望 自己 的 孩子 不仅 要 学习 好，而且
Měi ge jiāzhǎng dōu xīwàng zìjǐ de háizi bùjǐn yào xuéxí hǎo, érqiě

最好 有 一些 特长。所以 周末 带着 孩子 上 各 种 补习
zuìhǎo yǒu yìxiē tècháng. Suǒyǐ zhōumò dàizhe háizi shàng gè zhǒng bǔxí

班 和 兴趣 班。
bān hé xìngqù bān.

美优　：这样 对 孩子 的 将来 很 好 啊。
Zhèyàng duì háizi de jiānglái hěn hǎo a.

张 莉　：家长 的 想法 往往 跟 孩子 不 一样。拿 我 来说，小时候
Jiāzhǎng de xiǎngfǎ wǎngwǎng gēn háizi bù yíyàng. Ná wǒ láishuō, xiǎoshíhou

我 妈妈 想 让 我 学 小提琴，我 却 没有 兴趣，所以 没
wǒ māma xiǎng ràng wǒ xué xiǎotíqín, wǒ què méiyǒu xìngqù, suǒyǐ méi

坚持 下来。
jiānchí xiàlai.

美优　：在 这个 问题 上，我 妈妈 特别 开明，不管 我 做 什么，
Zài zhège wèntí shang, wǒ māma tèbié kāimíng, bùguǎn wǒ zuò shénme,

她 都 支持 我。
tā dōu zhīchí wǒ.

张 莉　：我 也 认为 兴趣 是 最 好 的 老师。
Wǒ yě rènwéi xìngqù shì zuì hǎo de lǎoshī.

美优　：你 跳舞 跳 得 这么 好，是 因为 你 喜欢 跳舞，对 吗？
Nǐ tiàowǔ tiào de zhème hǎo, shì yīnwèi nǐ xǐhuan tiàowǔ, duì ma?

张 莉　：是 的，我 觉得 做 自己 喜欢 的 事，即使 再 难、再 累，
Shì de, wǒ juéde zuò zìjǐ xǐhuan de shì, jíshǐ zài nán、zài lèi,

也 能 坚持。
yě néng jiānchí.

美优　：不过 家长 也 是 为了 孩子 好。
Búguò jiāzhǎng yě shì wèile háizi hǎo.

张 莉　：可不，现在 想想，要是 学会 一 种 乐器，也 挺 好 的。
Kěbù, xiànzài xiǎngxiang, yàoshi xuéhuì yì zhǒng yuèqì, yě tǐng hǎo de.

美优　：现在 学 也 不 晚 啊。
Xiànzài xué yě bù wǎn a.

新出語句

B50

1）	弹	tán	動
2）	钢琴	gāngqín	名
3）	演出	yǎnchū	動
4）	马马虎虎	mǎmǎhūhū	形
5）	讨论	tǎolùn	動
6）	教育	jiàoyù	名
7）	话题	huàtí	名
8）	家长	jiāzhǎng	名
9）	注重	zhùzhòng	動
10）	培养	péiyǎng	動
11）	对于	duìyú	介
12）	看法	kànfǎ	名
13）	希望	xīwàng	動
14）	特长	tècháng	名
15）	补习	bǔxí	動
16）	想法	xiǎngfǎ	名
17）	往往	wǎngwǎng	副
18）	小提琴	xiǎotíqín	名
19）	开明	kāimíng	形
20）	支持	zhīchí	動
21）	乐器	yuèqì	名

文法ポイント

1 拿……来说 …を例にとって言うと

例として取り上げ、掘り下げて説明する。

B51
1）学校里的生活很方便，拿吃饭来说，除了食堂，还有很多特色饭馆。 Xuéxiào li de shēnghuó hěn fāngbiàn, ná chīfàn láishuō, chúle shítáng, hái yǒu hěn duō tèsè fànguǎn.

2）中国的名胜古迹很多，拿北京来说，就有长城、故宫和颐和园等等。 Zhōngguó de míngshèng gǔjì hěn duō, ná Běijīng láishuō, jiù yǒu Chángchéng、Gùgōng hé Yíhéyuán děngděng.

3）学好一门外语不太容易，拿汉语来说，我觉得发音非常难。 Xuéhǎo yì mén wàiyǔ bú tài róngyì, ná Hànyǔ láishuō, wǒ juéde fāyīn fēicháng nán.

4）最近南方天气很热，拿南京来说，这几天气温都达到了四十度。 Zuìjìn nánfāng tiānqì hěn rè, ná Nánjīng láishuō, zhè jǐ tiān qìwēn dōu dádàole sìshí dù.

2 却 副 かえって むしろ

逆接を表す。複文の後節に用いるが、前節と後節で主語が異なる場合、"却"は後節の主語の後に置く。

B52
1）大家都在商量周末旅行的事，他却坐在那儿玩儿手机。 Dàjiā dōu zài shāngliang zhōumò lǚxíng de shì, tā què zuòzài nàr wánr shǒujī.

2）我平时不踢球，也不参加什么运动，却喜欢看比赛。 Wǒ píngshí bù tī qiú, yě bù cānjiā shénme yùndòng, què xǐhuan kàn bǐsài.

3）父母买电脑本来是为了帮助孩子学习，没想到却影响了孩子的学习。 Fùmǔ mǎi diànnǎo běnlái shì wèile bāngzhù háizi xuéxí, méi xiǎngdào què yǐngxiǎngle háizi de xuéxí.

3 ……下来 …し続けてきた

"下来"は動詞の後につき、方向補語の派生的用法で、動作·行為をし続けることを表す。

B53
1）这是从古代流传下来的一个故事。 Zhè shì cóng gǔdài liúchuán xiàlai de yí ge gùshi.

2）学习汉语很难，有的人没有坚持下来，但我坚持下来了。 Xuéxí Hànyǔ hěn nán, yǒude rén méiyǒu jiānchí xiàlai, dàn wǒ jiānchí xiàlai le.

3）这些传统习俗都继承下来了。 Zhèxiē chuántǒng xísú dōu jìchéng xiàlai le.

4 在……上 …において

“在”は介詞。“在……上”で範囲を表す。“在”は省略できる。

B54 1）在这个问题上，我们的意见完全相同。 Zài zhège wèntí shang, wǒmen de yìjiàn wánquán xiāngtóng.

2）他经验丰富，在工作上对我的帮助非常大。 Tā jīngyàn fēngfù, zài gōngzuò shang duì wǒ de bāngzhù fēicháng dà.

3）她是买东西的行家，购物上有什么问题，都可以问她。 Tā shì mǎi dōngxi de hángjia, gòuwù shang yǒu shénme wèntí, dōu kěyǐ wèn tā.

5 不管……，都…… …にかかわらず、…

接続詞“不管”は、後節で“都”で呼応して、いかなる状況であっても、結論や結果が変わらないことを述べる。“都”は“也”でもよい。

(1)“不管”と“什么、谁、怎么、哪、哪儿”などの疑問代詞を連用する。

B55 1）我们不管做什么工作，都要认真做好。 Wǒmen bùguǎn zuò shénme gōngzuò, dōu yào rènzhēn zuòhǎo.

2）他不管对谁都一视同仁。 Tā bùguǎn duì shéi dōu yíshì-tóngrén.

3）不管你怎么说，他也不同意。 Bùguǎn nǐ zěnme shuō, tā yě bù tóngyì.

(2)“不管”と「“多／多么”＋形容詞／心理を表す動詞」を連用する。

B56 1）不管多忙，我都要回国参加妹妹的婚礼。 Bùguǎn duō máng, wǒ dōu yào huí guó cānjiā mèimei de hūnlǐ.

2）不管你多么不高兴，也不能说那样的话。 Bùguǎn nǐ duōme bù gāoxìng, yě bù néng shuō nàyàng de huà.

(3)“不管”と並列構造を連用する。間に“还是”を入れてもよい。

B57 1）不管他来不来，我们都八点出发。 Bùguǎn tā lái bu lái, wǒmen dōu bā diǎn chūfā.

2）不管刮风还是下雨，他每天都坚持锻炼身体。 Bùguǎn guā fēng háishi xià yǔ, tā měi tiān dōu jiānchí duànliàn shēntǐ.

6 即使……，也…… たとえ…でも、…

接続詞“即使”は、後節で“也”で呼応して、いかなる極端な状況であっても、結論や結果が変わらないことを述べる。

B58 1）即使大家都不去，我也要去。 Jíshǐ dàjiā dōu bú qù, wǒ yě yào qù.

2）即使刮风下雨，他也坚持去跑步。 Jíshǐ guā fēng xià yǔ, tā yě jiānchí qù pǎobù.

3）即使只有一个人支持，我也要继续干下去。 Jíshǐ zhǐ yǒu yí ge rén zhīchí, wǒ yě yào jìxù gàn xiàqu.

ドリル

1 空欄に合う語句をＡ－Ｆから選んで書きなさい。

Ａ 培养　　Ｂ 讨论　　Ｃ 希望　　Ｄ 往往　　Ｅ 注重　　Ｆ 对于

1）我__________能找一个跟汉语有关的工作。

2）现在他已经能用汉语跟同学们__________问题了。

3）__________这次比赛，她看起来很有信心。

4）周末，小王和妻子__________带着孩子回家看父母。

5）学校派他去国外学习，打算好好__________他。

6）我找男朋友不太__________外表，主要是看人好不好。

2 語句を並び替えて、意味の通る文にしなさい。

1）好好儿　问题　自己的　希望　能　想一想　你

____

2）看法　问题　大家　不太　这个　一致　对于　的

____

3）喜欢　逛街　一起　女孩子们　往往

____

4）一些　在　了　最近　生活上　困难　他　遇到

____

5）健康　今天　话题　讨论　方面　的　我们　一下

____

3 （ ）内の語句を使って、文を完成させなさい。

1）A：学好外语很不容易。

B：可不是，____

________________。（拿……来说）

2）A：中国菜在日本很受欢迎。

B：可不是，____。

（拿……来说）

3）A：你会弹钢琴吗？

B：小时候学过，后来学习太忙了，________________________。（坚持下来）

4）A：尝尝我做的麻婆豆腐，味道怎么样？

B：颜色不太好看，________________________。（却）

5）A：小王真是个热心人。

B：对，____。（在……上）

6）A：最近你很忙，小王的婚礼就别参加了。

B：那怎么行？他是我的好朋友，________________________________。

（不管……，都／也……）

7）A：明天天气很热，我们还去爬山吗？

B：____。

（不管……不……，都／也……）

8）A：明天可能下雨，你还去吗？

B：____。（即使……，也……）

4 語句を全て使って、本文の会話の内容を文章にまとめなさい。

没想到　会　爱　还喜欢　可是　跳舞　马马虎虎　别的

讨论　教育　话题　家长　注重培养　对于　看法　希望　不仅……，而且……　特长

带着　补习班　虽然　将来　但是　想法　往往　拿……来说　让　小提琴　却　坚持

在……上　开明　不管　支持　认为　跳舞　因为　即使……，也……

ミニコラム
www.中国

B59

充电《chōngdiàn》

充电本来指给手机、电脑等电器补充《bǔchōng》电量的过程《guòchéng》。现在也用在工作和学习上，指利用《lìyòng》业余时间补充知识，使自己进步提高。

語句索引

各課の「新出語句」と「文法ポイント」の語句を、アルファベット順に並べました。数字は頁を表します。

Z

靳 衛 衛（キン・エイエイ　関西外国語大学　教授）
陳　　軍（チン・グン　北京語言大学　准教授）
相原里美（あいはら・さとみ　関西外国語大学　准教授）

イラスト：小澤光恵　　表紙デザイン：細谷桃恵

遊学 中級中国語　音声DL

2022年3月24日　初 版 発 行
2024年9月24日　第4刷発行

著　者　靳衛衛・陳軍・相原里美
発行者　佐藤和幸
発行所　白 帝 社
〒171-0014　東京都豊島区池袋2-65-1
電話　03-3986-3271
FAX　03-3986-3272（営）／03-3986-8892（編）
info@hakuteisha.co.jp
http://www.hakuteisha.co.jp
組版・印刷　倉敷印刷（株）　　製本（株）ティーケー出版印刷

Printed in Japan〈検印省略〉6914　　ISBN978-4-86398-465-3
＊定価は表紙に表示してあります